319

G. RICHARD

NOTIONS ÉLÉMENTAIRES

DE

SOCIOLOGIE

Librairie Ch. Delagrave

NOTIONS ÉLÉMENTAIRES

DE

SOCIOLOGIE

EMILE COLIN, IMPRIMERIE DE LAGNY (S.-ET-M.)

NOTIONS ÉLÉMENTAIRES 31 9/0 3

DE

SOCIOLOGIE

PAR

GASTON RICHARD

CHARGÉ DU COURS DE SCIENCE SOCIALE A LA FACULTÉ DES LETTRES
DE BORDEAUX

PARIS
LIBRAIRIE CH. DELAGRAVE
15, RUE SOUFFLOT, 15

NOTIONS ÉLÉMENTAIRES

DE

SOCIOLOGIE

CHAPITRE PREMIER

Définition, historique, objet et méthode de la sociologie.

SOMMAIRE

A. — Définition de la sociologie. — 1. Les faits sociaux et la vie morale. — 2. Différents aspects de l'étude des faits sociaux. — 3. Légitimité de la sociologie.

B. — Historique de la sociologie. — 1. Antécédents de la sociologie. Politique, philosophie de l'histoire, sciences sociales. — 2. Fondation de la sociologie. Auguste Comte. Statique et dynamique sociales. — 3. La sociologie après Comte. Influences évolutionnistes. Recherches génétiques. — 4. Obstacles rencontrés par la sociologie.

C. — Objet et méthode de la sociologie. — 1. Rapport des faits sociaux et des faits psychologiques. — 2. Le lien social comme objet de la sociologie. — 3. Conflit des méthodes en sociologie. Méthode déductive abstraite. Méthode inductive comparative et génétique. — 4. L'hypothèse et la vérification expérimentale en sociologie. — 5. Possibilité d'appliquer la méthode comparative à la sociologie. — 6. La méthode sociologique et la critique historique. Philologie et archéologie.

D. — Divisions de la sociologie comparée. — 1. Définition actuelle de la statique et de la dynamique sociales. — 2. La sociologie génétique ou comparée. Ses deux moments. Classification et filiation des phénomènes sociaux.

A. — Définition de la sociologie.

1. Les faits sociaux et la vie morale. — La vie morale a pour théâtres et pour domaines les différentes

1

associations que les hommes forment spontanément,
soit pour donner satisfaction à leurs sentiments sympa-
thiques, soit pour réaliser, au prix du moindre effort,
leurs fins économiques et intellectuelles. La science de
la morale doit donc s'accompagner d'une connaissance
des phénomènes dont ces associations sont les origines
et constituent le milieu. Toute théorie de la volonté
morale et de la responsabilité appelle l'étude de la
solidarité et du lien social; la morale pratique pré-
suppose la connaissance de la famille, de la société
civile et de l'État. Aristote avait déjà enseigné que
l'éthique, science des mœurs, est inséparable de la politique, science de la cité et de l'homme social.

2. Différents aspects de l'étude des faits sociaux. —
Les sociétés peuvent être décrites dans leurs caractères
spéciaux et leurs destinées propres; elles peuvent être
étudiées sous quelqu'un de leurs aspects et dans quel-
ques-uns de leurs résultats isolés de tous les autres; enfin
elles peuvent être classées et comparées, étudiées dans
leur constitution, leurs variations, leur développement,
en allant des formes les plus simples aux formes les
plus compliquées.

En d'autres termes on peut étudier les sociétés d'une
façon purement historique, sans rechercher aucun caractère général, aucune loi constante; on peut les étudier
d'une façon analytique et abstraite en cherchant exclusivement les lois de quelque caractère social : par exemple
les lois du langage ou celles de l'activité économique ou
celles de la population; on peut enfin les étudier inductivement en les classant d'après leurs analogies profondes, en constituant des types sociaux et en rattachant
les types compliqués ou supérieurs aux types simples ou
inférieurs par un rapport de filiation.

Il y a donc place pour trois formes de la connaissance
sociale :

1° Une connaissance descriptive qui est :

a) L'histoire de la civilisation, s'il s'agit de sociétés

composées d'hommes cultivés, en possession des arts, de l'industrie, de l'écriture ;

b) L'ethnographie, si l'on a en vue des sociétés sans monuments écrits et composées de sauvages ou de barbares ;

c) La palethnologie, si l'on considère les vestiges laissés, dans les âges antérieurs à l'histoire, par les populations dont procèdent les peuples civilisés ;

2° Des sciences sociales abstraites, étudiant chacune un aspect de la nature ou de l'activité humaine sous l'influence de la vie sociale. Nous pouvons citer la linguistique : l'économie politique ou théorie de la puissance productive ; la démographie ou théorie du mouvement et de la distribution de la population : la statistique morale, ou étude des manifestations de la solidarité morale dans les actes volontaires susceptibles d'être enregistrés et nombrés ;

3° Enfin, la sociologie comparée et génétique, étude des types sociaux, de leur constitution et de leur filiation.

3. Légitimité de la sociologie. — La sociologie comparée s'interpose ainsi entre les études purement descriptives : histoire, ethnographie, palethnologie, et les études abstraites et analytiques dont l'économie politique est considérée comme le type. Moins concrète que les unes, elle est moins abstraite que les autres. Il en résulte que son véritable caractère a échappé à de nombreux critiques, dont les uns ont voulu l'absorber dans l'histoire et les autres en diviser le domaine entre les différentes sciences sociales.

Cependant c'est ce caractère de science intermédiaire, générale, mais cependant synthétique, comparative et concrète, mais inductive et explicative qui prouve la légitimité de la sociologie. Sans les études de sociologie, les travaux du statisticien et de l'économiste restent entièrement étrangers à ceux de l'historien, de l'archéologue, du philologue, de l'ethnographe, du palethnologiste. Il y a même lieu de craindre que les différentes sciences sociales donnent lieu, non à des provinces d'une philosophie sociale unique, mais à des études isolées et par là même stériles.

Le sociologue seul peut montrer que les nombres moyens recueillis par le statisticien expriment une solidarité sociale qui n'est pas l'œuvre d'une génération, mais résume un développement collectif très ancien dont l'histoire et la palethnologie, complétée, suppléée même par l'ethnographie donnent une connaissance empirique. Les études abstraites et les études concrètes s'unissent et se contrôlent ainsi réciproquement et une théorie scientifique de la solidarité se constitue.

B. — Historique de la sociologie.

1. Antécédents de la sociologie. Politique. Philosophie de l'histoire. Sciences sociales. — Aristote fait une place importante à l'étude des phénomènes sociaux dans les sciences pratiques qui ont pour objet la conduite de l'homme. La *Politique* est le complément de l'*Éthique*, car l'éducation de la *Cité* peut seule former la volonté morale. (*Éthique à Nicomaque*, X, Θ.) Aristote prélude aux généralités de la politique par une étude comparative des principales cités qu'il pouvait observer en Grèce et chez les races voisines.

La *République des Athéniens*, la seule de ces monographies que nous possédions, nous montre qu'il faisait une large place à l'étude génétique des institutions et à celle des révolutions. Néanmoins c'est l'explication par cause finale qui prédomine ici dans la théorie des phénomènes sociaux comme dans celle des phénomènes physiques et biologiques. Quoiqu'il en soit, Aristote reste le principal précurseur des sociologues modernes.

Sous le nom de *doctrine civile*, Bacon, dans le *de Dignitate et augmentis scientiarum*, cite l'étude méthodique des phénomènes sociaux au nombre des principaux desiderata de la science de l'homme. Mais la philosophie poli-

tique du XVII° siècle dont Hobbes, Spinoza et Locke
sont les grands représentants, repousse l'induction et
fait usage d'une méthode analytique et déductive. Le
premier de ces philosophes suppose la société dis-
soute et cherche comment sa reconstitution résulterait
des lois générales de la nature humaine et notamment
du désir. Il conclut à la doctrine du pacte social ou de
l'aliénation des libertés naturelles au nom d'une psychologie sommaire des passions et des besoins.

Au XVIII° siècle la philosophie politique a de plus en
plus le caractère critique et polémique. C'est moins une
science qu'une arme contre la perpétuité d'abus politiques, économiques, juridiques, religieux, d'autant plus
cruellement sentis par la société qu'une conscience plus
élevée des fins sociales et humaines se formait non seulement chez l'élite, mais dans les couches profondes. Sans
doute on a systématiquement exagéré le caractère spé-
culatif de cette politique. Taine et son école ont calomnié
Rousseau plus qu'ils ne l'ont lu, car l'*Essai sur le gouvernement de Pologne* nous montre un véritable sociologue
pratique, très initié aux difficultés du progrès social et
aux conditions de l'amélioration des vieilles institutions
politiques [1].

Par contre, le dix-huitième siècle voit naître la philosophie de l'histoire et les sciences sociales spéciales.

La philosophie de l'histoire est créée en Italie par
Vico (1688 1744), auteur du *de Constantia philologiæ*, et
de la *Science nouvelle* (*Scienza nuova*) (1725). Cette science
nouvelle est la philologie, à laquelle Vico assigne pour
objet la connaissance de l'esprit du droit, des rapports
entre le droit, la religion et la poésie épique. Dans la seconde édition de cette œuvre (1744), Vico énonce l'hypothèse célèbre du *ricorso*, ou du retour des civilisations à
leur point de départ. Ces études trouvent peu d'écho en

---

1. Voir notamment le chapitre VI, sur les difficultés de l'émancipation
morale et politique des serfs et la conclusion qui se résume en ces mots :
« N'ébranlez jamais brusquement la machine. »

Italie, mais en Allemagne le milieu est plus favorable ; Lessing, Herder et Kant travaillent à la constitution d'une histoire universelle rattachant le droit et la civilisation des différents peuples au développement de l'esprit humain et ce développement lui-même à la destinée de l'univers. A vrai dire, Vico avait mieux défini la science nouvelle que ses successeurs et ses travaux peuvent être plus facilement mis à profit par les contemporains.

Les sciences spéciales ébauchées au XVIIIe siècle ont été : 1° l'économie politique ; 2° la statistique ; 3° la science du droit comparé.

L'économie politique n'a été que tardivement conçue comme une science des variations de la valeur. Les deux écoles qui l'ont constituée : en France, celle des physiocrates (Quesnay, Gournay, Mercier de la Rivière, Mirabeau, Turgot, Dupont de Nemours) ; en Angleterre, celle de Hume et d'Adam Smith. y voyaient, les premiers, l'étude d'un ordre naturel et spontané des faits sociaux, les autres, l'étude d'une branche de l'activité humaine solidaire de l'ensemble de la civilisation. C'est l'homme social réel qu'étudiaient alors les économistes et non l'homme économique abstrait, voué uniquement à la recherche du plus grand gain au prix du moindre effort. Turgot et Adam Smith considéraient comme le principal objet de leur science la découverte des rapports entre les phénomènes de la production et de la valeur et la loi sociale du progrès.

De même la statistique a été d'abord, comme le nom l'indique, la science de l'état. (Staat.) C'est ainsi que la conçoivent ses premiers représentants, le Hongrois Martin Schmeitzel, mort en 1747, et l'Allemand Gotfried Achenwall, dont le Compendium de la Science de l'Etat parut en 1749. Le statisticien recueillait une série de données descriptives et numériques sur la population, le commerce, les ressources de l'Etat. Il ne cherchait pas encore à atteindre les variations et les conditions profondes de la vie sociale.

Enfin Montesquieu, en publiant en 1748 l'*Esprit des Lois*, fondait la science du droit comparé. Aucun ouvrage n'a plus contribué à rendre possibles les investigations sociologiques du siècle suivant et à en définir la méthode. On doit à Montesquieu quatre idées essentielles : la première est que la vie en société est un phénomène universel et constant, dérivant des tendances et des besoins de la nature humaine ; la seconde est que les faits sociaux obéissent, comme les phénomènes de la nature vivante ou inanimée, à des lois, à des relations régulières ; la troisième est que de la vie en société résultent inévitablement des règles de conduite, des normes qui s'imposent à la volonté individuelle : les mœurs et les lois ; la dernière est que ces règles ne sont pas uniformes pour l'espèce humaine, mais présentent des espèces différentes, des types sociaux en harmonie avec les climats et les milieux physiques.

2. Fondation de la sociologie. Auguste Comte. Statique et dynamique sociales. — Pendant les trente premières années du dix-neuvième siècle, le mouvement d'études que nous venons de résumer se poursuit, sauf en France, où sous l'influence néfaste des traditionalistes (Joseph de Maistre, de Bonald, Ballanche, Lamennais), les sciences sociales subissent une éclipse. C'est ainsi que J. de Maistre, niant tout déterminisme historique, présente la Révolution française comme l'œuvre ténébreuse de Satan et que le vicomte de Bonald, dans sa *Législation primitive*, assigne pour objet à la philosophie politique de retrouver le plan même de la création sociale ! Mais en Allemagne, en Angleterre, aux Pays-Bas, en Italie même la philosophie de l'histoire et les sciences sociales spéciales sont cultivées par un nombre croissant d'auteurs et donnent lieu à des œuvres remarquables.

Signalons surtout la transformation de l'économie politique et celle de la statistique. Sous l'influence de Ricardo et de Malthus l'économie politique cesse d'être une étude de la civilisation et devient une science de la concurrence et de la valeur. La statistique devient une recherche purement numérique. Elle cesse d'être une science de l'État pour devenir une méthode dont l'objet est de découvrir les lois des variations des phénomènes sociaux représentés par des nombres moyens. On distingue dès lors : 1° la statistique de la population ou démographie, science ébauchée par Malthus et désormais associée étroitement à l'économie politique, et 2° la statistique morale, fondée par le Belge Quételet (1835)[1], et qui étudie la répétition régulière et les oscillations des phénomènes sociaux volontaires (mariages, naissances, suicides, crimes).

Mais entre la philosophie de l'histoire et les sciences sociales définies, tout lien faisait défaut. Celles-ci s'isolaient les unes des autres et manquaient peu à peu d'idées directrices. La première était de plus en plus asservie aux systèmes métaphysiques que l'idéalisme et le naturalisme allemands produisaient sans relâche.

Déjà, en publiant, au plus fort de la Terreur (1794), le *Tableau historique des progrès de l'esprit humain*, Condorcet, héritier de la pensée des encyclopédistes, avait montré la possibilité d'unir à l'économie, à la statistique, à la politique une histoire générale de la civilisation. Mais il n'avait pu qu'ébaucher ce projet. L'école saint-simonienne retint cette idée et un des disciples indépendants de son fondateur, Auguste Comte, l'approfondit au point d'en tirer le plan d'une science nouvelle, conçue sur le type des sciences physiques et naturelles, la *Physique sociale* ou *Sociologie*.

Auguste Comte esquisse la méthode de cette science dans un opuscule publié en 1824 sous le patronage de Saint-Simon, le *Système de politique positive*[2]. Mais

1. Nous donnons la date de la première édition de la *Physique sociale* de Quételet, qui fonda réellement la statistique des faits moraux.
2. Cette brochure formait le troisième cahier du catéchisme des industriels, publication destinée à rendre populaires les vues du saint-simonisme.

c'est du *Cours de philosophie positive* que date vraiment
l'exposition des grandes lignes de la sociologie (1843).

Auguste Comte divise la sociologie en deux sciences :
l'une, la statique sociale, étudiant les faits sociaux dans
l'espace, abstraction faite des variations historiques, est
en réalité une théorie de la *Solidarité*, dont elle cherche
les conditions dans la nature organique et émotionnelle
de l'individu, et dans la réciprocité des besoins et des
travaux; l'autre, la Dynamique sociale, cherche la filiation des états sociaux et est en réalité une théorie de la
Continuité historique.

Comparée à la philosophie de l'histoire des écoles
allemandes, la sociologie de Comte réalisait un progrès
incontestable. L'histoire universelle cessait d'être une
construction arbitraire reflétant toutes les incertitudes
de la pensée métaphysique; rattachée elle-même à la
théorie statique de la solidarité, elle permettait de relier
entre elles les différentes sciences sociales et d'en tirer
des applications utiles à la pratique.

Malheureusement Auguste Comte compromit la
science qu'il avait profondément esquissée. Il voulut
formuler prématurément les conclusions de la dynamique
sociale en la subordonnant à une loi conjecturale, em-
pruntée par lui à Turgot, sur la succession des formes
de la croyance et de la connaissance, la loi des trois
états. Il dut faire violence à l'histoire pour montrer que
les institutions de sociétés reflètent la transformation
des mythes et de la théologie en métaphysique, puis en
science positive. Pour la statique sociale ou théorie de
l'ordre, ce fut pis encore. Au lieu d'étudier scientifiquement la solidarité en faisant usage de la comparaison, de
l'observation directe et de la statistique, il l'affirma au
nom des exigences du cœur et prétendit, dans sa *Politique positive*, en tirer une religion de l'humanité, héris-
sée de dogmes et de cérémonies, religion dont lui-même
était le grand prêtre. Pour livrer le genre humain à la
direction du sacerdoce de l'humanité, Comte attaqua,

au nom de la sociologie, toute la doctrine du droit moderne, tout le libéralisme, avec plus de force que le
Syllabus des papes, et il réhabilita une intolérance plus
étroite que celle de l'Inquisition [1]. Son disciple Emile
Littré protesta à vrai dire contre de tels écarts, et montra dans plusieurs œuvres que les conclusions de la
sociologie ne sont nullement contraires à la liberté
d'examen et à une justice égalitaire.

3. La sociologie après Comte. Influence évolution-niste. Recherches génétiques.

— Malgré le côté ridi-
cule et parfois odieux de l'œuvre de Comte, la notion de
la sociologie fut de mieux en mieux accueillie par l'esprit scientifique, d'abord en Angleterre et aux Etats-
Unis, puis dans l'Europe continentale. Mais elle subit
une transformation complète sous l'influence de l'esprit
évolutionniste, des études ethnographiques et des recherches préhistoriques.

Auguste Comte, tout en recommandant aux sociologues l'application de la méthode de filiation historique,
les détournait de l'étude des origines sociales. Il ne mettait pas en doute que la famille patriarcale n'ait été contemporaine des sociétés humaines ; tout au plus admet-
tait-il que la division du travail social se fût compliquée
depuis l'antiquité classique. Il n'attribuait guère à la
dynamique sociale d'autre objet que les variations des
deux pouvoirs, le temporel et le spirituel, et la découverte du sens des révolutions modernes. La philosophie
de l'évolution, ébauchée par les idéalistes allemands, par
les disciples de Schelling et de Hegel, et portée à ses
conséquences extrêmes par Herbert Spencer, habitua
les esprits à rechercher des variations sociales beaucoup
plus amples. On accorda une importance plus grande
au phénomène des sociétés animales. On demanda, avec
Darwin et M. Espinas, à l'observation des transforma-

1. Il propose sérieusement, nous dit Mill, de brûler tous les livres édi-
tés jusqu'à ce jour, sauf une centaine que désignerait le sacerdoce positiviste.

tions sociales le secret de l'apparition des attributs
moraux de la personne humaine.

La philosophie de l'histoire et la sociologie de Comte
avaient noté, comme en passant, l'importance des observations ethnographiques consignées dans les récits des
voyages de Cook et autres navigateurs aux îles du Pa-
cifique[1]. Dans la deuxième moitié du XIXᵉ siècle
les études ethnographiques se multiplièrent dans tous
les pays occupés par les Européens. La science
française observa surtout les populations berbères de
l'Atlas. Les Danois firent porter leurs investigations sur
les Eskimaux du Groenland, les Russes sur les tribus de
la Sibérie, de l'Oural, du Caucase et du Turkestan ; les
Américains sur les Peaux-Rouges, les Allemands sur
l'Afrique orientale, les Hollandais sur l'Indonésie. Enfin
l'ethnographie anglaise, tout en faisant connaître les
mœurs et l'organisation des habitants de l'Australie,
de la Nouvelle-Zélande, des Fidji, de la Mélanésie,
du cap de Bonne-Espérance, découvrit dans l'Hindoustan, derrière la société décrite dans les livres
sacrés de Brahmanes, tout un monde social jusque-là
inconnu, où tous les degrés de l'échelle sociologique se
trouvent réunis : Weddas des forêts de Ceylan, Bhils du
Bérar, Radjpoutes du Radjastan étudiés par Lyall, villages communautaires du Pendjâb observés par Sumner
Maine, etc.

Enfin le concours de l'archéologie scandinave et hel-
vétique et de la géologie française faisait apparaître la
palethnologie. Broca notamment, dans une série de
grottes disposées le long des bords de la Vézère, dans
le Périgord, retrouvait les vestiges d'une évolution sociale prodigieusement longue, contemporaine de la période glaciaire et conduisant l'homme, sur le sol même
de la France, d'une existence purement animale, à
l'épanouissement des sentiments sociaux et esthétiques.

1. Voir entre autres sur ce point une leçon du poète Schiller sur le sens
et l'objet de l'histoire universelle.

La grande différence entre cette phase de la sociologie et la précédente est la prépondérance des études sur la genèse de la famille et de la division du travail. L'ethnographie ne tarda pas à constater que la famille, où Comte voyait encore un système d'institutions constantes, présente au contraire les plus grandes variations. Dès 1861, l'Allemand Bachofen publie le *Droit maternel* (Muterrecht) où il résume tous les faits historiques et les données ethnographiques alors recueillies qui autorisent à mettre en question la théorie patriarcale. Vient ensuite l'Anglo-Australien Mac Lennan qui, sans avoir connu le travail de Bachofen, publie en 1865 le *Mariage primitif* (*Primitive Marriage*), où il montre quelle importance a pour l'étude inductive des origines de la famille l'existence de tribus exogames et de tribus endogames parmi les indigènes de l'Australie, les premières prohibant les unions à l'intérieur de la tribu, les secondes les prohibant à l'extérieur. Enfin l'Américain Lewis-H.-Morgan, après un demi-siècle d'études sur les Iroquois de l'État de New-York, publia, en 1877, son *Ancienne Société* (*Ancient Society or Researches on the lines of human progress from Savagery trough Barbarism to civilization*). D'après Lewis-Morgan la famille a été partout précédée par une société domestique plus étendue, le clan maternel qui survivait encore à l'aube de la cité gréco-romaine sous le nom de gens ou de γενος. Désormais le problème fondamental de la sociologie génétique était posé.

L'idée d'une division progressive du travail social a été surtout exposée dans les *Principes de Sociologie* d'Herbert Spencer (1881). Le grand philosophe anglais mettait d'ailleurs à profit les travaux d'un de ses compatriotes, Sumner Maine, sur l'*Ancien droit*, sur les *Institutions primitives*, sur les *Communautés de village en Orient et en Occident*, bref sur les coutumes et la législation des peuples qui passaient alors pour appartenir à la race dite indo-européenne. Mais Spencer complique son étude sur la coopération d'une hypothèse gratuite sur la société militaire et son déclin. La question a été reprise à un point de vue plus objectif par un sociologue français, M. Emile Durkheim, dont la *Division du travail social* (1893) est un tableau synthétique de la genèse et des transformations de la solidarité.

La sociologie d'Auguste Comte était encore un système de politique et un système sur la philosophie de l'histoire, bien que la place faite à l'étude des faits eût été très élargie. La sociologie génétique qui s'est formée depuis est une science à la fois concrète et générale, c'est-à-dire une science comparative.

4. Obstacles rencontrés par la sociologie. — La sociologie comparée rencontrait sans doute une opposition dans l'esprit traditionaliste qu'inquiète l'examen impartial des variations sociales et dans l'esprit des historiens ou des savants spéciaux, statisticiens, économistes, juristes qui voyaient la science nouvelle mettre en question certaines hypothèses commodes et superficielles. Mais cette opposition est elle-même une garantie, car elle oblige le sociologue à donner plus de précision à ses travaux et plus d'autorité à ses preuves. Les véritables obstacles au crédit de la sociologie sont venus d'ailleurs.

Indépendante au fond de toute école philosophique particulière, la sociologie a surtout rencontré faveur auprès de l'école positiviste et de l'école évolutionniste. Or l'école positiviste l'a opposée sans raison à la psychologie, et, plus téméraire encore, l'école évolutionniste a tenté de la subordonner à la biologie générale.

La sociologie montrait les faits sociaux dans un devenir perpétuel. Il en résulte que les partis et les sectes qui aspirent à une transformation rapide de l'ordre social dans le sens d'une amélioration des conditions de l'existence commune ont accueilli la sociologie comme une espérance. La science nouvelle a été prématurément entraînée dans le domaine de l'application. On a été jusqu'à écrire que « la sociologie sera socialiste ou ne sera pas [1] ».

L'opposition à la psychologie, l'assimilation excessive à la biologie, souci prématuré de l'application, telles sont les causes qui ont compromis et discrédité la sociologie auprès de beaucoup de bons esprits.

Il est d'autant plus nécessaire d'en définir avec précision l'objet et la méthode.

C. — Objet et méthode de la sociologie.

1. Rapport des faits sociaux et des faits psychologiques. — Les faits sociaux sont des faits psychologiques plus compliqués. *Les faits sociaux naissent des relations entre êtres capables d'éprouver des sentiments, d'avoir des représentations et de les exprimer.* Le fait psychologique simple a pour théâtre la conscience individuelle liée elle-même à l'organisation individuelle : telle, une perception, une image. Le fait social a pour théâtre un groupe de consciences agrégées d'une façon durable. On comprend qu'entre un fait psychologique simple et un fait social défini (l'assentiment moral d'un peuple à une coutume ou à une règle de droit), il y a beaucoup d'intermédiaires. L'action fugitive et temporaire du sujet A sur la conscience du sujet B n'est pas encore un fait social. Par contre le phénomène du langage intérieur, si important en psychologie, nous montre la conscience individuelle liée à la vie sociale dès qu'elle atteint un certain niveau mental.

2. Le lien social comme objet de la sociologie. — On voit donc par là que l'objet de la sociologie n'est pas d'étudier les analogies qu'une observation superficielle peut découvrir entre un *corps social* et un *corps vivant*, mais bien les conditions de la formation, de la durée des transformations et de la dissolution des *liens sociaux.*

1. Ce mot est du criminaliste italien Enrico Ferri.

L'erreur de beaucoup de sociologues a été de spéculer
sur l'individualité des sociétés qu'ils ont opposée à l'individualité des personnes. Ainsi est né un véritable
réalisme sociologique qui a conduit à nier même l'activité intellectuelle et volontaire de l'individu. La sociologie devient ainsi une métaphysique aventureuse et
oublie son objet propre qui est de savoir comment plusieurs sujets, observables en dehors de la vie sociale,
peuvent par l'association modifier leurs sentiments et
leurs représentations, neutraliser ou combiner leur
activité.

On voit donc que le sociologue n'a pas un objet
d'étude, un programme distinct de celui que la tradition
propose au psychologue : il étudie l'homme émotionnel,
intellectuel et volontaire. Mais tandis que le psychologue doit faire abstraction des mille liens qui rattachent
le sujet au milieu social, le sociologue restaure un à un
ces liens en déterminant autant que possible l'ordre
constant de leur apparition. Le psychologue étudie le
groupement et la succession des états de conscience en
cherchant quelle relation ils soutiennent avec l'organisme
propre de la personne ; le sociologue, faisant autant
que possible abstraction des facteurs physiologiques,
cherche la relation des états de conscience avec le milieu social.

**3. Conflit des méthodes en sociologie. — Méthode
déductive abstraite. — Méthode inductive, comparative et génétique. —** Deux méthodes se partagent
l'adhésion des sociologues ; l'une est une méthode déductive et abstraite, l'autre est une méthode inductive et
concrète.

Les partisans de la méthode déductive se rattachent
au *Système de logique* de Stuart Mill. Ils estiment qu'un
ordre de phénomènes ne peut être étudié inductivement si la méthode expérimentale n'y est pas applicable ; ils tiennent pour accordé qu'on ne peut expérimenter sur les faits sociaux. La déduction est dès lors

l'unique recours. Mais la déduction suppose elle-même l'usage de l'abstraction. Il faut construire la psychologie sociale comme les économistes ont construit leur science en supposant des rapports sociaux extrêmement simples (l'action unilatérale de A sur B), puis en les compliquant graduellement.

La méthode inductive a été préconisée par Auguste Comte et surtout par M. Émile Durkheim. Dans son livre sur les *Règles de la Méthode sociologique* celui-ci a montré que le sociologue peut appliquer les mêmes méthodes que le linguiste, l'anatomiste, l'embryologiste, le botaniste, etc. S'il ne peut expérimenter au sens étroit du mot, il peut comparer des séries de faits bien observés. Or l'observation comparative a autant de certitude et donne des preuves aussi convaincantes que la méthode expérimentale directe. Le sociologue devra donc classer les faits sociaux, en tirer des types et les ordonner du simple au complexe. Il cherchera ensuite à trouver, dans les types simples, les antécédents et les conditions de l'apparition des types complexes. Il obtiendra ainsi des explications génétiques et ce sont les seules que la recherche sociologique puisse se proposer.

Ce conflit est au fond celui des sciences sociales spéciales ou, pour mieux dire, de l'économie politique et de la sociologie comparée. Mais l'on voit aussitôt par où pèche la thèse de la méthode déductive abstraite. Elle suppose la psychologie générale achevée et constituée tout entière sans l'étude de l'homme social. Mais en ce cas la sociologie serait entièrement inutile. Or, l'incertitude reprochée non sans raison à l'économie politique, le caractère vague et hypothétique de ses lois les plus générales montre assez que l'on fait fausse route quand on prétend mettre ici l'abstraction et le raisonnement à la place de l'observation.

4. L'hypothèse et la vérification expérimentale en sociologie. — En résulte-t-il que l'induction sociolo-

gique ne doive pas faire une grande place au raisonnement? Mais induire, c'est raisonner, c'est construire, à
l'aide d'une connaissance sommaire des faits, une hypothèse explicative et la soumettre à une vérification. Les
sciences expérimentales sont, comme l'a montré Claude
Bernard, des sciences de raisonnement. Mais le raisonnement doit être tenu pour douteux aussi longtemps
qu'il n'a pas reçu de l'expérience bien consultée, et sans
parti pris, une vérification complète.

Toute la question est donc de savoir si le sociologue
doit étudier patiemment et complètement les faits sociaux et expliquer ces faits les uns par les autres avant
de les rattacher aux lois générales de la nature humaine ou s'il doit construire une explication générale
à l'aide d'une connaissance sommaire de la psychologie
individuelle et y rattacher déductivement les données
de l'ethnographie et de l'histoire.

La réponse n'est pas douteuse, si toutefois l'on admet
que la vérification expérimentale est possible. Là est
donc le véritable débat entre les deux écoles. Les disciples de Stuart Mill, imbus d'une conception étroite de
la méthode expérimentale, estiment que là où les faits
sont à la fois variables et compliqués, l'expérience ne
peut être tentée sérieusement, avec l'espoir d'arriver à
des résultats certains. Les partisans de la sociologie
inductive pensent au contraire que la méthode expérimentale directe peut être remplacée par des équivalents
qui sont : 1° l'étude des perturbations, telles que les
crises et la criminalité; 2° la comparaison de séries de
phénomènes sociaux bien constituées.

L'étude des perturbations, des phénomènes anormaux,
est admise par les économistes les plus fidèles à la méthode déductive et abstraite. L'observation des crises
économiques et de leurs conséquences a été considérée
par eux comme la preuve la plus sûre de la validité des
lois économiques. On peut mettre ainsi la statistique au
service de l'investigation sociologique. Mais la portée

de cette vérification semble assez restreinte. On ne peut
y voir qu'un procédé auxiliaire, une contre-épreuve de
la méthode comparative.

5. Possibilité d'appliquer la méthode comparative à la sociologie.

— La méthode comparative a donné les
meilleurs résultats, non seulement en anatomie et en embryologie, mais en psychologie et en linguistique. L'analogie entre les recherches de ces dernières sciences et
celles de la sociologie autorisait à penser qu'elle serait
aussi féconde si on la transportait dans cette science.
Auguste Comte, en inaugurant la méthode de filiation
historique, avait déjà admis qu'il y a une correspondance
incontestable entre la phase du développement d'un
esprit individuel et celles du développement de l'humanité. Mais pour tirer de cette idée toutes ses conséquences, il fallait introduire entre l'esprit individuel et
l'humanité un intermédiaire, le processus social proprement dit.

Auguste Comte, devancé en ce point par Herder,
Schiller et peut-être Vico, avait indiqué une autre comparaison destinée au plus grand avenir : la comparaison
de la série historique et de la série ethnologique. Les
stades inférieurs des civilisations élevées se retrouvent,
disait-il, dans l'état présent des peuples arrêtés dans
leur développement. La palethnographie qui a prolongé
l'histoire, la reconstitution des anciennes civilisations
précolombiennes de l'Amérique (Pérou, Yucatan,
Mexique), l'investigation ethnologique de plus en plus
méthodique ont confirmé les vues et les espérances de
Comte. C'est ainsi que Sumner Maine a montré l'identité des problèmes politiques et sociaux au moyen âge en
Europe, dans l'Afghanistan et l'Inde brahmanique moderne ; que sir Alfred Lyall a retrouvé la société hellénique de l'âge héroïque chez les clans hindous du
Radjpoutana ; que des ethnologistes français, Hanoteau,
Letourneux et Emile Masqueray ont retrouvé dans
les villages de la Kabylie les éléments sociaux de la

cité romaine ou athénienne en voie de formation ; que
sir John Lubbock et Broca ont pu retrouver les conditions de l'existence de nombreuses peuplades océa-
niennes, africaines ou américaines dans les cavernes des
troglodytes de la Vézère (Dordogne) et dans les pala-
fittes des lacs de la Suisse. Des recherches d'un caractère plus conjectural, dues à Lewis-H.-Morgan et à Mac
Lennan, ont tenté de retrouver les mœurs et l'état social,
domestique, religieux de l'âge de la pierre taillée chez les
Peaux-Rouges et les Australiens du dix-neuvième siècle.

**6. La méthode sociologique et la critique histo-
rique. Philologie et archéologie.** La vraie difficulté
résidait dans une conception traditionnelle et surannée
de l'histoire et de l'enseignement historique. On y a vu
souvent et non sans raison une littérature mensongère
destinée à servir les passions politiques ou à flatter soit
les intérêts des classes soit les préjugés nationaux ou religieux. Mais au cours du siècle dernier, grâce à l'archéologie, à la critique religieuse, à la philologie, à
l'histoire du droit, à l'histoire littéraire, une nouvelle
conception de la recherche historique s'est formée. Les
civilisations de l'Egypte, de la Phénicie, de l'Assyrie, de
la Perse, de l'Inde ; les origines des grandes religions
orientales ; la vie religieuse, juridique, économique des
cités de la Grèce et de l'Italie ; le moyen âge tout entier
ont été patiemment restaurés d'abord par la science française (Champollion, Eugène Burnouf, Fustel, Mariette,
Maspéro, etc.) puis par la science allemande. L'étude
des langues, celle des mythes est venue faire connaître
les conceptions morales, juridiques, cosmologiques de
générations bien antérieures à l'aube même de l'histoire.
L'archéologie préhistorique, dont les découvertes s'har-
monisaient déjà si bien avec celles de l'ethnologie, a été
ainsi complétée à peu près de la même façon que l'embryologie l'était au même moment par la paléontologie.
La valeur de la méthode comparative en sociologie
ne peut donc être aujourd'hui méconnue que par ceux

qui se condamnent systématiquement à en ignorer les
résultats.

D. — Divisions de la sociologie comparée.

**´. Définition actuelle de la statique et de la dyna-
mique sociales**. — En 1843, quand il publiait la première
édition du cours de sociologie positive, Auguste Comte
préconisait la distinction de deux sciences sociales com-
plémentaires, une théorie de l'ordre ou statique sociale,
une théorie du progrès ou dynamique sociale. La première devait recueillir les preuves de la sociabilité humaine, de ses fondements et de ses limites, ainsi que
celles de la solidarité domestique, nationale et internationale; la seconde devait démontrer la continuité historique et les progrès intellectuels et moraux qui en résultent. Nous savons que Comte n'a pas exécuté le programme et qu'il s'est surtout trompé en subordonnant
la statique au sentiment.

La terminologie de Comte est aujourd'hui discréditée.
Il est vrai néanmoins que le sociologue doit d'abord
considérer les phénomènes de solidarité dans les sociétés les plus développées en faisant provisoirement
abstraction de leur origine, et qu'après ce premier contact avec la réalité sociale, il doit chercher l'explication
génétique des phénomènes sociaux dont il a d'abord
étudié la coexistence.

**2. La sociologie génétique. Ses deux moments.
Classification et filiation des phénomènes sociaux.** —
La dynamique sociale de Comte reçoit aujourd'hui le
nom de sociologie génétique. Elle est pour la sociologie contemporaine ce qu'elle était pour lui, la branche
principale de la science. Mais, subordonnée à la méthode
comparative, elle doit se décomposer en deux moments,
la classification des types sociaux et la recherche de leur
filiation.

Les liens sociaux, dont la sociologie fait son objet, se

présentent à l'observation dans des sociétés relativement durables et définies. Les caractères de ces sociétés peuvent être comparés ; on peut distinguer les plus généraux des plus spéciaux. On peut, sans les assimiler témérairement à des organes, y appliquer le principe de la *subordination*. Une classification des types sociaux est donc possible. Elle est le premier objet précis que doive se proposer la sociologie génétique.

Les biologistes admettent aujourd'hui qu'une classification n'a de valeur scientifique que si elle retrace la généalogie des types vivants. A plus forte raison la classification des sociétés doit-elle préparer la connaissance de leur filiation. En d'autres termes, la conclusion de la sociologie génétique doit être la découverte de la correspondance entre les types sociaux qui coexistent aujourd'hui et les états sociaux qui se sont succédé dans le passé.

N'oublions pas que ces états sociaux ne sont eux-mêmes que des formes de relations sociales, durables et définies, qui ont leurs conditions d'existence connues ou inconnues dans des lois psychologiques.

CHAPITRE II

Notions générales sur la socialité.

A. — La société occidentale.

1. L'Europe et la société occidentale. — Les sociétés qui peuplent l'Europe ne sont ni les plus nombreuses ni, au sens absolu du mot, les plus intéressantes pour le sociologue ; mais elles sont de beaucoup les plus aisées à étudier. Elles sont les seules qui aient dressé des statistiques ; elles sont aussi les seules qui aient appliqué un esprit critique à l'étude de leurs monuments historiques. On ne peut prendre une première notion des faits sociaux sans étudier ces sociétés dans leur état actuel.

L'Europe est partagée en nations dont chacune a la conscience claire de son individualité. Mais ces nations se répartissent aux yeux de l'observateur qui fait abstraction de leurs divisions politiques, en deux grands groupes dont chacun présente un type propre : le type occidental et le type oriental. Celui-ci n'est composé que de la Russie et des petits États des Balkans ; le premier comprend tout le reste de l'Europe auquel il convient d'ajouter son prolongement américain et océanien.

2. Homogénéité de la société occidentale. — L'Europe occidentale forme une société unique; l'homogénéité de la civilisation prime en effet les rivalités des états. Ces États ont puisé leur civilisation aux mêmes sources, la Grèce, Rome et le christianisme; ils ont eu au moyen âge la même destinée, ont participé à la même éducation. Depuis la Réforme, ils ont éprouvé les mêmes crises, ont ensemble répudié la féodalité pour la monarchie plus ou moins absolue et l'absolutisme pour les institutions parlementaires plus ou moins démocratiques et libérales. Les révolutions de 1789 et de 1830, plus encore celle de 1848 les ont agités à peu près en même temps. En 1848 des révolutions éclataient à Palerme le 12 janvier, à Paris le 24 février, à Milan le 5 mars, à Vienne le 13 et à Berlin le 18 mars, à Budapest, à Rome, en Pologne, en Roumanie quelques semaines plus tard. Ces nations connaissent en même temps les mêmes fléaux moraux, l'alcoolisme, la contagion du suicide, la criminalité infantile, les grandes escroqueries. Depuis le monde panhellénique, une telle homogénéité n'avait pas été observée par l'histoire.

A cette unité internationale, les écrivains politiques opposent l'antagonisme des races. Ils inventent pour les besoins de la thèse une prétendue race latine, une prétendue race germanique, une prétendue race slave. Mais ces races sont des créations de l'imagination littéraire; elles n'ont aucune base dans l'anthropologie. La plus fictive est la race latine dans laquelle on fait rentrer des populations aussi différentes que celles du Pérou et de la Belgique wallonne, du Brésil et de la Suisse romande, du Portugal et de la Roumanie, de la Normandie et de la Toscane. Mais la race germanique n'a guère plus de réalité. Les races germaniques décrites par Tacite (Ingévons, Istévons, Herminons) différaient beaucoup, selon Gumplowitz, des envahisseurs du cinquième siècle. La

Prusse moderne contient de nombreuses colonies fran-
çaises ; la France a reçu de son côté, depuis le seizième
siècle, beaucoup d'immigrants irlandais, allemands, écos-
sais, polonais. La théorie politique des races est égarée
par la confusion des groupes linguistiques et des variétés
anthropologiques. Or le groupe linguistique est un phénomène social ; la variété anthropologique, un phénomène biologique. Les lois de ces phénomènes sont
différentes. Les groupes linguistiques deviennent de
plus en plus homogènes, comme le prouve l'histoire
de la langue allemande; les variétés anthropologiques
s'émiettent et tendent vers une limite qui est l'individualité. Parfois l'on trouve deux races dans la même
famille.

La division de l'Europe occidentale en groupes religieux a plus de réalité. L'éducation catholique et l'éducation protestante sont bien différentes et forment des
types de caractères opposés. On s'en rend compte surtout
si l'on oppose les masses catholiques compactes de l'Europe méridionale (Italie, Espagne, Portugal) aux masses
protestantes compactes de l'Europe du Nord. La statistique nous montre le suicide très développé chez les
peuples protestants et l'homicide chez les peuples catholiques ; ces différences correspondent au développement
de l'instruction populaire, de l'activité industrielle et
commerciale et de la population urbaine chez les peuples
du Nord, à leur arrêt chez les peuples du Midi. Mais
cette différence est en somme relative. La France, les
Pays-Bas, l'Allemagne du Sud, la Suisse, l'Autriche-
Hongrie forment une masse intermédiaire où les deux
églises se font équilibre. Depuis que l'intolérance civile
a disparu, le protestantisme se développe dans le centre
et le midi de l'Europe, le catholicisme chez les peuples
du Nord. La neutralité religieuse prédomine dans l'état
et dans l'éducation. La vie économique, la science, l'art,
la philosophie, le droit sont de plus en plus les mêmes
dans les deux groupes religieux. La religion tend à être

la vie spirituelle intérieure de la personne, non la vie extérieure de la communauté.

La société occidentale est donc une réalité, une donnée de la sociologie. Cette société a conscience de représenter la forme de civilisation la plus élevée que l'humanité ait encore connue. Sans doute il y a eu, il y a encore d'autres civilisations que la sienne. Cependant c'est à la civilisation de l'Occident qu'appartient la prépondérance absolue dans la phase historique que nous traversons. Depuis la fin du quinzième siècle, plus encore depuis la fin du dix-septième l'expansion des peuples occidentaux dans le monde et l'attraction exercée par eux sur l'Orient sont les plus grands faits de l'histoire universelle. Les occidentaux ont conquis et peuplé deux continents, l'Amérique et l'Australie; sans conquête, ils ont assimilé à leurs sciences la Russie et le Japon; ils ont assis leur influence, non seulement matérielle, mais morale et intellectuelle, sur les trois cent millions d'hommes qui peuplent l'Hindoustan, l'Indo-Chine et l'Indonésie. La Chine et le monde musulman sont encore réfractaires, mais commencent à être pénétrés. Cette prépondérance et cette expansion répondent suffisamment aux écoles traditionalistes qui nient l'unité occidentale ou ne voient qu'un accident dans la civilisation sur laquelle cette unité repose.

3. Avantages que l'unité occidentale offre à l'investigation sociologique. — Sans cette unité de l'Occident, l'investigation sociologique, déjà malaisée, le serait encore plus. Chacun des peuples occidentaux a constitué une statistique morale, une histoire, une archéologie. Ces travaux se complètent les uns les autres. Les sociologues peuvent tour à tour utiliser ces travaux en les rapportant à la vie d'une société unique ou en tirer la connaissance de la vie propre des nations ou des groupes nationaux et religieux entre lesquels l'Occident se partage. L'Occident a en général une même histoire et une même statistique morale. Mais cette uniformité est loin d'être

absolue. Par exemple l'âge de la civilisation a commencé
pour la Suède et les peuples scandinaves plus tard que
pour l'Allemagne, pour l'Allemagne plus tard que pour
la France et l'Angleterre, pour celles-ci plus tard que
pour l'Italie. De là des comparaisons qui éclairent l'histoire de la civilisation et les rapports qu'elle soutient
avec l'histoire du droit. Chez certains peuples (Angleterre, Suède), le développement social a été d'une remar-
quable régularité; ailleurs, par exemple en Sicile, il a
été interrompu par une succession de cataclysmes sociaux. Ces oppositions historiques aident à comprendre
les différences que présentent aujourd'hui la statistique
comparée chez les deux peuples.

Nous avons dit que les états américains et océaniens
issus des colonies européennes doivent être considérés
comme de véritables prolongements de l'Occident. Mais
les modifications que le type occidental a subies soit
dans l'Amérique du Nord, soit au Mexique et dans l'Amérique du Sud, soit en Australie, soit au Transwaal constituent des expériences approchées dont le sociologue
peut tirer les inductions les plus fécondes. Il voit en effet
des sous-types nouveaux se constituer dans ces différents milieux.

Enfin la comparaison de l'Occident à la seule société
orientale qui s'y soit assimilée, la société russe, suffit à
mettre rapidement en pleine lumière le contraste de deux
types sociaux persistants.

L'étude de la société occidentale rend donc déjà possible une théorie provisoire de la solidarité; elle initie
le sociologue à la pratique de la méthode comparative et
le prépare à des études plus difficiles. L'union de la statistique, de l'histoire et des monographies de villes, de
villages, de provinces, d'associations est la caractéristique de cette étude.

B. — Analyse des données générales de la statistique.

1. Division des données de la statistique. — La statistique s'est divisée en statistique démographique et en statistique morale. — La démographie recueille en chaque pays les nombres relatifs à la nuptialité, ou fréquence moyenne des mariages, à la mortalité, à l'immigration et à l'émigration ; la statistique morale se divise elle-même en statistique des phénomènes d'activité normale : travail, échange, épargne, instruction, transports, correspondance ; et en faits anormaux (crimes, suicides, divorces, procès civils, etc.)

Mais cette division est relative, car entre les mouvements de la population et l'activité sociale, normale ou anormale, la corrélation est de mieux en mieux démontrée. L'activité sociale agit sur la famille et de la destinée de la famille dépend le mouvement de la population.

Les phénomènes démographiques et les phénomènes sociaux sont d'ailleurs soumis les uns comme les autres à un double déterminisme, déterminisme des facteurs naturels (climat, saison) et déterminisme des facteurs psycho-sociaux (travail, mœurs, institutions).

2. Statistique de la population. — Les phénomènes sociaux ont une faible intensité au milieu d'une population clairsemée ; ils s'y confondent avec les phénomènes biologiques et psychologiques. On sait au contraire que dans les grandes villes et dans les grandes vallées où les villages se touchent les relations se multiplient entre les hommes ; il y a influence réciproque des esprits, échange des services, formation de croyances et de sentiments collectifs. La densité de la population est donc le premier fait social à étudier.

La vie d'une population est un renouvellement perpétuel. La mortalité en diminue sans cesse le nombre ; la

natalité comble sans cesse les vides. On appelle *croît
physiologique* l'excès des naissances sur les décès.

La mortalité et la natalité semblent être des phénomènes purement physiologiques. Cependant la vie sociale les affecte au plus haut degré. La vie humaine est
extrêmement fragile dans les premiers mois qui suivent
la naissance. De la cinquième à la vingtième année la
mortalité est rare ; mais après la quarantième année les
chances de survie diminuent et deviennent extrêmement
faibles à dater de la quatre-vingtième année.

Mais les chances de mortalité ne peuvent être évaluées
définitivement. La mortalité infantile est un phénomène
très variable que la misère accroît et que l'aisance générale tend à abaisser.

L'agent normal du renouvellement de la population
est le mariage. La nuptialité, ou tendance moyenne au
mariage, est le troisième des grands faits démographiques que la statistique doit recueillir et mesurer.

Il est aisé de concevoir que ces trois phénomènes :
nuptialité, natalité, mortalité influent réciproquement
l'un sur l'autre. A une nuptialité élevée doit, toutes
choses égales, correspondre une natalité élevée ; mais là
où naissent beaucoup d'enfants la mortalité infantile doit
presque immanquablement être forte et élever le taux de
la mortalité générale.

Réciproquement quand la longévité moyenne est élevée, la vie est plus difficile pour ceux qui surviennent ;
par suite la masse de la population qui vit d'un travail
journalier contracte mariage plus tard ; le nombre des
célibataires s'accroît également et le taux de la natalité
diminue.

Selon Cauderlier, statisticien belge dont les travaux
font autorité, « la natalité en Europe atteint son maximum dans une vaste étendue de territoire située au
centre de la Russie et elle diminue à mesure qu'on
s'éloigne de ce centre de natalité vers le nord, le sud,
l'est et l'ouest. Nous avons remarqué, ajoute le même

auteur, que sauf quelques exceptions, cette règle était
générale et que la natalité était plus faible au nord et au
sud de la Russie que dans les provinces centrales.
plus faible aussi dans la Prusse orientale, la Saxe, la
Silésie, la Hongrie qu'en Russie ; plus faible encore en
Autriche ; plus faible encore dans la Prusse centrale, le
Hanovre, la Bavière ; plus faible encore en Italie, en
Hollande, en Belgique et en Angleterre ; plus faible
encore en France et en Irlande. » « En Russie, 37
pour 100 des hommes se marient au-dessous de 20 ans
et plus des deux tiers avant 25 ans, tandis que dans le
reste de l'Europe, les mariages au-dessous de 20 ans
peuvent être considérés comme tout à fait exception-
nels. Si l'on considère les femmes, on voit que plus de
la moitié se marient en Russie avant 20 ans ; c'est une
proportion cinq fois plus considérable que celle des
autres états européens. »

« Année moyenne, on compte un décès en Russie par
29 habitants. En 1867, ce rapport s'est élevé à 1
sur 27,5. C'est là une mortalité considérable si on la
compare à celle de l'Europe occidentale, mais c'est une
conséquence nécessaire d'une population clairsemée,
d'une forte natalité, et d'un niveau économique encore
peu élevé. »

« Le peuple russe a peu de besoins ; ils sont donc facilement satisfaits dans les gouvernements du centre, les
gouvernements à terre noire où les récoltes viennent
presque sans culture. Les mariages y sont fort nombreux, mais aussi très précoces. Mais d'autre part les
conditions hygiéniques dans ces gouvernements sont
déplorables. Beaucoup d'enfants meurent avant l'âge de
5 ans et on y rencontre fort peu de vieillards. Ces gouvernements réunissent donc toutes les conditions pour
présenter une grande natalité et il n'est pas étonnant de
voir qu'elle atteint et dépasse 52,000 par million. »

« Au fur et à mesure qu'on s'éloigne de ces gouvernements, les conditions favorables à une grande natalité

se modifient et celle-ci diminue. Au nord et au sud, les conditions de la vie deviennent plus difficiles ; il y a moins de mariages et par conséquent, moins de naissances ; mais les conditions hygiéniques étant toujours mauvaises, la natalité reste considérable. Si nous allons à l'ouest, vers la Prusse orientale, la Saxe, la Hongrie, la Galicie, les facilités de se procurer les ressources nécessaires à la vie commencent à diminuer en même temps que les conditions hygiéniques s'améliorent et nous voyons immédiatement baisser la natalité. Plus à l'ouest encore (Allemagne, Angleterre, France), la lutte pour l'existence devient de plus en plus difficile au fur et à mesure que la population devient plus compacte. En même temps les conditions hygiéniques continuent à s'améliorer ; aussi voit-on la natalité baisser constamment... La natalité est élevée en Espagne, beaucoup plus élevée qu'en France. Ce fait est dû naturellement au peu de besoins de ses habitants et aussi à leur mauvaise hygiène [1]. »

La comparaison de l'Europe orientale et de l'Europe occidentale, et, à l'ouest de l'Europe, celle du nord et du midi, est fort instructive. Elle nous montre que le taux moyen de la natalité et de la mortalité tient à une cause sociale, la précocité des mariages. Cette cause est conditionnée elle-même par la civilisation, car elle accroît les besoins et perfectionne l'hygiène ; la mortalité des enfants diminue ; la longévité moyenne s'élève. Pour élever un enfant, la famille doit faire plus de frais. La prévoyance devient obligatoire ; les mariages sont plus rares et surtout plus tardifs.

Si nous sortons d'Europe, deux faits viennent confirmer cette conclusion. Le minimum de la natalité est aux États-Unis d'Amérique, dans les États de la Nouvelle-Angleterre (Massachusets, Maine, Vermont, New-Hampshire, etc.), où le taux est à peine égal à 20 pour

1. CAUDERLIER. Les Lois de la Population, III⁰ partie, chap. II. Paris, Guillaumin, 1900.

1,000 habitants ; le maximum s'observe dans les villages javanais, dans les communautés qui, par leurs mœurs et leurs traditions, sont les plus éloignées de la civilisation occidentale. Les causes sociales qui tendent à garantir la vie de l'individu et à élargir la sphère de son activité, à distinguer l'homme de l'animal, tendent en même temps à ralentir la multiplication de l'espèce.

Les autres données de la démographie concernent : 1° l'émigration et l'immigration ; 2° la répartition de la population sur le territoire. Ces deux faits sont d'ailleurs liés, car le mouvement des populations rurales vers les villes est une émigration à l'intérieur.

Les populations où les mariages restent précoces et la natalité élevée, quoique les conditions d'existence ne s'améliorent pas, n'ont que la ressource ou de grossir les centres urbains où l'industrie manufacturière les appelle dans les périodes de prospérité, ou d'aller, dans les colonies et les États du Nouveau-Monde, mettre en valeur des terres incultes. Ce sont encore des causes sociales, combinées avec des causes géographiques, qui décident du choix entre ces deux moyens. Là où il y a de grandes vallées voisines de la mer, ouvertes au commerce universel, où le sol contient des gisements de houille et de fer, où les capitaux sont nombreux et l'esprit d'initiative développé, on assiste à l'essor des grandes villes : tel est le cas de l'Angleterre, de l'Allemagne occidentale, de la Belgique, des Pays-Bas, et à un moindre degré, celui de la France. Là où manquent ces conditions, ou seulement quelques-unes d'entre elles, comme en Irlande, dans les pays scandinaves, l'Allemagne orientale, l'Autriche-Hongrie, l'Italie, c'est l'émigration qui est la ressource. C'est ainsi que les Allemands, les Polonais, les Slaves d'Autriche, les Scandinaves et surtout les Irlandais, ont peuplé l'Amérique du Nord, pendant que l'émigration italienne accroissait la population de l'Argentine et du Brésil.

Dans toute l'Europe, mais surtout dans les États de

l'ouest, les populations urbaines se pressent d'abord dans
les grandes vallées (Tamise, Escaut, Rhin, Meuse, Elbe,
Seine, Rhône, Garonne, Pô, Danube, puis sur les côtes
(Manche, mer du Nord, Méditerranée); elles sont déjà
beaucoup moins denses sur les plateaux (Beauce, Cham-
pagne, Lorraine, Bavière, Bohême; elles sont clairse-
mées dans les régions montagneuses. L'intensité de la
civilisation, les grands courants de la vie sociale suivent
les mêmes voies.

3. Statistique morale. L'activité normale. — La statistique ne peut rassembler que les manifestations exté-
rieures et indirectes de la vie morale. Les manifestations
négatives, les transgressions des lois, les suicides, les
faillites sont plus aisées à recueillir et à grouper que
les manifestations positives (véracité, justice, dévoue-
ment, esprit de famille, etc.).

Il ne faut donc pas demander à la statistique un tableau complet de l'activité sociale, mais elle peut donner
des indices qui, interprétés les uns par les autres, permettent d'induire la direction que prend spontanément
cette activité.

La statistique démographique, en faisant connaître le
nombre proportionnel des mariages, ainsi que le rapport
des naissances naturelles aux naissances légitimes, contribue déjà à l'étude de la vie morale collective. La statistique économique y contribue plus encore. Le travail,
l'épargne, les contrats dont l'ensemble constitue le
commerce sont, sinon des manifestations morales, au
moins des occasions offertes à la volonté morale de se
manifester dans un sens ou dans un autre.

Joignons à cela les indications que les administrations
publiques et privées recueillent sur les correspondances, le nombre des voyageurs, l'instruction primaire
et le nombre des illettrés, l'exercice régulier du droit de
suffrage, et nous avons sur la mortalité domestique, professionnelle, civique un groupe d'indices d'une haute
valeur.

La puissance productive d'un peuple civilisé dépend du travail humain plus que de la nature. La quantité et la variété des produits mesurent en général l'intensité du travail individuel et la bonne combinaison des travaux. — A cet égard l'Europe occidentale contraste avec la Russie plus encore que pour la population. La production de la Russie est presque exclusivement agricole, sauf autour de Moscou, de Saint-Pétersbourg, d'Odessa et dans la région minière de l'Oural. — L'Europe occidentale peut elle-même être divisée en deux régions dont l'une comprend les peuples riverains de la Manche, de la mer du Nord et de la Baltique (Angleterre, France du Nord, Pays-Bas, Pays scandinaves, Allemagne, Suisse, Bohème), et l'autre les pays riverains de l'Océan et de la Méditerranée (France occidentale et méridionale, Espagne, Portugal, Italie, Autriche-Hongrie). L'activité économique est beaucoup plus intense dans le premier groupe que dans le second (quoique les vallées du Rhône et du Pô puissent être considérées comme des annexes de l'Europe du nord). C'est dans cette grande région que sont concentrées les houillères de l'Allemagne, de la Belgique et de l'Angleterre, l'industrie métallurgique, sucrière ; c'est là que le réseau des voies ferrées et des canaux a les mailles les plus serrées ; là que sont condensées les populations urbaines, toujours prêtes à accueillir les inventions et les initiatives en tout genre. Donner des chiffres serait superflu faute de pouvoir les donner tous.

Le grand mouvement des échanges internationaux entre l'Amérique du Nord et l'Asie méridionale ou orientale passe par l'Angleterre, les Pays-Bas, les vallées de la Seine et du Rhône, de l'Escaut et du Rhin. C'est là que la statistique constate le mouvement le plus actif des voyageurs et des correspondances. En 1895 on comptait pour cent habitants en Grande-Bretagne : 5,528 lettres et 207 télégrammes ; en Suisse : 4,632 lettres et 130 télégrammes ; en Allemagne : 3,475 lettres et 67 té-

légrammes ; en France : 2,340 lettres et 106 télégrammes ; en Belgique 2,743 lettres et 91 télégrammes ;
en Autriche : 2,885 lettres et 51 télégrammes, tandis
qu'en Hongrie le nombre des lettres tombait à 1,134,
celui des télégrammes à 37 ; en Italie, à 656 lettres et à
29 télégrammes, et qu'enfin en Russie l'activité des correspondances était mesurée par ces deux chiffres :
191 lettres, 20 télégrammes pour 100 habitants.

Le taux des salaires est aussi un élément d'apprécia-
tion. Quoi qu'on ait pu dire, l'élévation des salaires
correspond à l'accumulation des capitaux ainsi qu'à leur
sécurité et à l'initiative des capitalistes ; elle mesure
donc l'intensité de l'épargne et de la prévoyance ; elle
est un des meilleurs signes de l'activité sociale, de quelques effets d'ailleurs qu'elle puisse être suivie.

On a beaucoup disputé et écrit sur la valeur morale
de l'instruction primaire. Il est toutefois une vérité incontestable, c'est que le développement de cette forme
élémentaire de la culture atteste la sollicitude de la famille, de l'Etat et de l'Eglise pour l'enfant. Le nombre
des illettrés, l'analphabétisme, pour employer l'expres-
sion des statisticiens italiens, est une preuve de l'impré-
voyance et de la négligence sociales.

L'Europe occidentale peut être à cet égard partagée
en trois groupes. Le premier, correspondant approxi-
mativement aux populations qui suivent l'Eglise évan-
gélique et l'Eglise luthérienne, comprend les Etats
scandinaves, l'Allemagne et la Suisse ; le nombre des
illettrés y est faible ; il est partout inférieur à 5 pour 100.
Un second groupe comprendrait les Iles Britanniques,
la France et les Pays-Bas ; les illettrés y sont déjà
beaucoup plus nombreux, notamment parmi les femmes
(14 pour 100 de la population totale environ) ; mais, sous
l'action de l'Etat, l'analphabétisme décroît rapidement,
surtout en France ; un troisième groupe est formé de
l'Autriche-Hongrie, de l'Italie, de l'Espagne et du Portugal ; c'est le domaine de l'analphabétisme ; les illettrés

y forment la majorité de la population (de 50 pour 100 en Autriche-Hongrie à 70 pour 100 en Espagne). Le progrès est assez rapide en Autriche et dans l'Italie du Nord, mais il y a plutôt recul parmi les populations ibériques.

Il convient de faire remarquer que l'intensité de la vie économique rend l'instruction populaire nécessaire et en fait comprendre le besoin aux populations ; l'instruction réagit immédiatement sur l'activité des relations. Il y a partout corrélation entre le déclin de l'analphabétisme et la circulation des lettres, des télégrammes, des imprimés, inséparable elle-même de la circulation des voyageurs et du mouvement des affaires.

4. Statistique morale. L'activité anormale. Criminalité. Suicides. Faillites. Divorces. — La statistique criminelle est à elle seule une science sociale. Nous ne pouvons songer ici qu'à donner un bref aperçu des faits qui importent à la connaissance générale du type social que nous considérons.

Les phénomènes que nous étudions ici sont des actes volontaires qui présentent un double caractère : ce sont des infractions aux lois (crimes, délits, contraventions, faillites) et aux mœurs (suicides, divorces, alcoolisme, prostitution, etc.) ; *ce sont donc des faits littéralement anormaux ou extra-normaux.* Ce sont aussi des phénomènes dont le renouvellement est à peu près aussi régulier que celui des phénomènes normaux et dont le développement accompagne la civilisation ; ils indiquent ainsi une résistance que la nature humaine oppose à l'ordre social et qui est des plus difficiles à vaincre. La statistique morale met donc le sociologue en garde contre un optimisme excessif ou une foi aveugle au progrès et elle encourage l'effort moral dont elle montre la nécessité.

La première observation faite par les statisticiens dans tous les pays a été celle de l'influence exercée sur la marche de la criminalité et du suicide par le climat, la

saison, le sexe et l'âge. Les attentats aux personnes
sont beaucoup plus nombreux dans l'Europe méridionale que dans l'Europe du nord, mais le suicide obéit
à une marche inverse. Ces mêmes attentats sont partout plus nombreux en été et atteignent leur maximum
au mois de juin, tandis que les vols, plus nombreux au
nord qu'au midi, se commettent plutôt en hiver et
atteignent le chiffre le plus élevé en décembre. La criminalité des hommes excède partout celle des femmes,
qui nulle part ne dépasse le tiers de la criminalité
totale ; en revanche les femmes commettent plus facilement que les hommes des crimes contre les personnes à
l'intérieur de la famille.

Quant à l'âge, on voit l'enfant commettre assez facilement de petits vols, mais rester à peu près étranger aux
crimes contre les personnes et aux suicides ; au contraire les penchants criminels ont toute leur force entre
dix-huit et vingt-cinq ans et diminuent lentement ensuite
pendant que le suicide, les faux, les attentats à la bonne
foi et à la pudeur restent le risque moral de la vieillesse.

L'étude des variations de la criminalité et du suicide
de peuple à peuple et de génération en génération chez
chaque peuple a montré que ces facteurs physiques et
organiques n'agissent jamais sans que le milieu social
combine son influence avec la leur. C'est ainsi que la
chaleur ne porte pas l'homme à l'homicide, mais elle
conduit une partie de la population à vivre hors du foyer
domestique sur la voie publique ; la femme n'a pas une
moralité sociale supérieure à celle de l'homme, mais elle
mène une vie plus retirée et transgresse la morale domestique plutôt que la loi. Pendant l'enfance la conscience est moins soumise à la morale sociale qu'à l'âge
mûr, mais la crainte des conséquences du délit est plus
grande que chez l'adulte et la conduite plus surveillée.

La criminalité doit donc être étudiée non abstraite-
ment mais dans ses relations avec le milieu social.

L'homicide est très inégalement réparti dans l'Eu-

rope occidentale. Tandis que sur un million d'habitants
il se commet annuellement en moyenne 5 attentats à la
vie humaine en Hollande, on en compte plus de 80 en
Italie. Ici encore on peut distinguer trois groupes :
1° le groupe des peuples du Nord (Iles Britanniques,
Hollande, Allemagne, Danemark, Suède et Norvège),
où la tendance à l'homicide est au minimum (5 en Hollande et en Angleterre, 10 en Allemagne, 12 en Danemark et en Suède pour un million d'habitants) ; 2° le
groupe des peuples méridionaux auquel il faut joindre la
Hongrie : il fait contraste avec le précédent pour la
violence et la fréquence des penchants homicides (33
en Portugal, 43 en Hongrie, 72 en Espagne, 81 en Italie) ; 3° un groupe intermédiaire comprenant la France,
la Belgique, la Suisse et l'Autriche où le taux de l'homicide est de 14 à 20 pour un million d'habitants. Le
penchant à l'homicide, le mépris de la vie humaine est
réparti à peu près comme l'analphabétisme.

Les attentats au droit de propriété forment un groupe
de faits délictueux beaucoup plus fréquents que les attentats aux personnes ; ils sont en relation avec la vie économique. Les crises industrielles et commerciales pous-
sent un grand nombre d'infortunés à la mendicité et au
vagabondage. Le contact des mendiants et des vagabonds
avec les voleurs de profession dans la vie des prisons
généralise l'habitude du vol. Les mêmes crises, en con-
damnant beaucoup de commerçants à la faillite, ache-
minent les hommes de conscience faible à la banque-
route, à la fraude commerciale, à l'escroquerie, etc. Il
n'est pas étonnant de voir les délits de cette classe plus
fréquents dans la partie de l'Europe où l'activité économique est intense que chez les peuples méridionaux qui
ne sont pas encore sortis de la phase agricole. En
Espagne par exemple le vol est dans la plupart des provinces moins fréquent que l'homicide lui-même.

Les délits contre la probité se sont régulièrement ac-
crus, dans l'Europe occidentale au cours du xixᵉ siècle.

3

Le vol sous toutes les formes a pris le caractère professionnel. En langage juridique la fréquence des vols est due à la fréquence de la récidive. Or des études précises faites tant en France qu'en Angleterre, en Allemagne qu'en Italie sur la population des prisons ont montré que le délinquant récidiviste est presque toujours entré dans la carrière du vol dès l'adolescence ou même dès l'enfance. La multiplication des vols est donc liée à ces deux autres phénomènes anormaux, l'*accroissement régulier du chiffre des récidives* et la *criminalité infantile*.

La criminalité infantile est un terme impropre à désigner le phénomène criminologique que nous considérons ici. Sauf exception, les enfants ne commettent pas de crimes mais de petits délits dont les plus ordinaires sont le vagabondage et la mendicité. La promiscuité des prisons achève de les transformer en malfaiteurs. Mais la gravité des délits est elle-même peu importante au regard de l'abandon de l'enfance que la fréquence de légers délits atteste. Dans les grandes villes industrielles, l'enfant vit souvent sans surveillance, sans éducation ni tutelle morale. La criminalité infantile est donc le symptôme de l'instabilité des liens domestiques.

Le suicide n'est plus considéré dans l'Europe occidentale comme une infraction aux lois. Le nombre moyen des suicides est néanmoins considéré par la statistique morale comme l'un des indices les plus sûrs de l'état moral d'une population. Le suicide en effet est moins un abandon de l'existence qu'une rupture violente de l'individu avec la société, un abandon des devoirs sociaux. Le suicide soutient ainsi, comme l'a montré l'étude de Durkheim, des relations définies avec l'état de la société domestique, civile, politique et religieuse. La fréquence du suicide, son accroissement régulier atteste la présence et l'action de dissolvants sociaux.

Les nations européennes (Russie mise à part se répartissent encore ici en trois groupes. Un premier groupe comprend les pays où l'on compte pour 1 million d'habi-

tants de 100 à 300 suicides annuels. Ce sont : la Hongrie
(104), l'Autriche (163), la Saxe (299), la Prusse (130), le
Danemark (258), la Suisse (216) et la France (150). On
voit que sur cette liste figurent avec la France tous les
états groupés au centre du continent européen. Au nord
et au sud l'on trouve deux groupes moins éprouvés. L'un
comprend les états riverains de la mer du Nord : Angleterre (68), Suède (81), Norvège (73), Belgique (68), Pays-
Bas (35) ; dans l'autre se rangent les états méridionaux :
(Espagne 18, Italie 56), auxquels il faut ajouter la Bavière (90).

Les statisticiens ont fait remarquer la correspondance
entre le suicide et trois autres manifestations de l'activité
sociale dont l'une est normale et les deux autres anor-
males. La fréquence des suicides varie : 1° comme l'instruction ; 2° comme la fréquence des divorces ; 3° comme
la fréquence des faillites. Sur la corrélation du suicide
et du niveau de l'instruction on a hasardé cette hypothèse
spécieuse que le goût du savoir dénote déjà la dissolution des croyances sociales et religieuses. Il paraît plus
simple d'admettre que la distribution hâtive de connaissances mal élaborées et sans rapport avec la capacité
cérébrale de ceux qui les reçoivent, recherchées non en
vue de savoir, mais en vue d'obtenir des grades et des
titres multiplie, comme la concurrence économique, les
neurasthéniques et les aliénés qui deviennent ensuite des
candidats au suicide. La pédagogie, sans base psychologique et physiologique serait ainsi un agent de la dégé-
nérescence et de la dissolution sociale. Mais il faut noter
que cette instruction qui n'est pas une culture mais une
course aux diplômes, une préparation hâtive aux examens
placés à l'entrée des carrières n'est qu'un effet ou mieux
un aspect de la concurrence économique.

Cette difficulté ainsi écartée, reste à interpréter la correspondance entre le suicide, le divorce et les faillites [1].

---

1. Pour le détail, voir DURKHEIM (Alcan), *Le Suicide*, livre II, chapitre v.

Dans toute l'Europe le suicide croît comme le nombre des divorces et des séparations. Cette relation semble au premier abord inexplicable puisque le suicide, en rendant aux conjoints mal assortis leur liberté, a pour effet immédiat de leur assurer une existence plus tolérable. L'obscurité diminue si l'on constate que la tendance au divorce est plus forte chez les veufs et les célibataires que chez les gens mariés, chez les époux sans enfants que chez ceux qui ont une postérité. C'est donc la faiblesse, l'instabilité, la dissolution des liens domestiques qui diminue l'intérêt à la vie tandis que l'esprit de famille et les obligations qui en résultent créent une immunité contre le suicide. M. Durkheim a d'ailleurs montré que le taux des suicides est partout et toute chose égale d'autant plus faible que la « densité familiale », le nombre des enfants au foyer est plus élevé [1] ?

Quant au nombre des faillites, il est l'indice de la fréquence des crises qui atteste elle-même l'insuffisance de la solidarité économique, la dissolution des liens corporatifs, la faiblesse de la moralité professionnelle. Le suicide est donc un symptôme moral attestant la force anormale des motifs égoïstes, l'affaiblissement de la conscience des fins sociales et le dérèglement des forces économiques.

3. Harmonie des données de la statistique. —

La correspondance entre les formes normales de l'activité et les faits anormaux est la première grande leçon que la sociologie puisse dégager des statistiques. Il y a une harmonie troublante entre les conditions de l'instruction et celles du suicide, entre les conditions de l'activité industrielle et celles du vol, de la récidive et de la criminalité infantile, entre le milieu physique et social qui confirme la force des liens de famille et celui qui favorise l'essor de la violence homicide. Remarquons-le bien : *la statistique énonce ici des rapports de coexistence, non des*

1. DURKHEIM, *Le Suicide*, chapitre III, p. 4.

rapports de causalité. La cause du vol, du suicide, du meurtre est toujours dans le caractère personnel du suicidé, du voleur, du meurtrier. Mais la conception égoïste de la vie qui porte au suicide, le penchant au parasitisme qui porte au vol, le mépris de la vie humaine qui porte à l'homicide sont plus ou moins favorisés par le milieu social.

Dans un milieu social tel que celui de la Calabre, de la Sicile, de la Sardaigne, de la Corse, de la Castille, de l'Andalousie les rapports qui naissent ailleurs du travail sont faibles : l'homme a peu de désirs et de besoins ; le propriétaire, volontiers généreux, laisse au pauvre l'usage de ses terres et de ses bois [1]; la vie sociale se concentre dans la famille, le village, la confrérie religieuse. Les haines sont fortes et la vie de l'*étranger* tenue pour méprisable.

Dans les grandes vallées de l'Europe occidentale, autour des bassins houillers, sur les côtes des mers qui accèdent à l'Océan, route du commerce universel, la vie sociale est toute autre. L'homme a partout conscience d'avoir besoin de son semblable ; les haines de familles, de villages, de corporations, de confréries s'éteignent et font place à la rivalité politique, à l'esprit de discussion et de critique, à la concurrence économique. Les motifs ordinaires de l'homicide sont donc faibles et la conscience peut, selon le mot du poète, sacrer la vie humaine. De là le faible taux du meurtre en Hollande, en Angleterre, en Allemagne. Les passions homicides sont remplacées par le désir du gain, l'amour du luxe et aussi par le désir de savoir. La générosité et la libéralité s'affaiblissent ; le propriétaire fait valoir ses droits avec âpreté ; la pauvreté est considérée comme une déchéance : de là chez les uns le suicide, chez les autres l'improbité. Plus dispersée et plus instable, la famille réagit moins et inspire

---

1. La générosité insouciante des propriétaires, a été bien mise en lumière par DEMOLINS. (*Les Français d'aujourd'hui*, livre II, chapitre IV, Didot.)

moins à l'individu le souci du respect du nom. La société professionnelle, artificiellement comprimée ou dispersée, est incapable de la suppléer. Si donc la civilisation occidentale rend la vie et la liberté plus respectables, elle sait insuffisamment modérer la frénésie du gain et de la jouissance ou inspirer aux âmes faibles l'intérêt à l'existence.

Une autre donnée de la statistique est la correspondance entre l'activité sociale, normale ou anormale, et le déclin de la natalité. Là où l'esprit de famille est seul puissant, l'esprit social est peu développé; les relations d'échange sont rares et rien ne vient réprimer les passions homicides; là aussi en compensation les mariages sont précoces, les mœurs saines, la natalité abondante; un sentiment élevé de l'honneur domestique réprime l'improbité et le suicide.

Là où l'activité économique est grande, l'échange actif, le savoir répandu, la liberté et la vie individuelle respectées, les conditions de l'hygiène sont mieux connues et mieux observées, par suite les enfants meurent moins; la moyenne de la vie humaine est plus élevée. Par contre, les mariages sont plus tardifs, plus rares, se forment plus légèrement, se rompent plus facilement. La transmission du foyer est plus difficile; on a moins souci de l'assurer. La discipline sexuelle est faible, le libertinage répandu. Toutes ces circonstances sont défavorables à la natalité dont la décroissance est un des caractères de la civilisation occidentale.

Toutes les nations ne sont pas également éprouvées. L'Angleterre l'est moins que les autres; la Suisse l'est peu. L'Italie l'est au plus haut degré. La France souffre d'une diminution anormale de la natalité.

CHAPITRE III

Classification et filiation des types sociaux.

A. — Éléments d'un type social.

1. Transformations du lien social en Occident. — La statistique morale suffit à nous prouver que si les liens sociaux ont des conditions naturelles permanentes, ils ne sont pas cependant toujours identiques à eux-mêmes. Nous avons vu combien la vie morale de la Russie diffère de celle du reste de l'Europe. Sans sortir de l'Europe occidentale, nous avons vu que la conscience des mœurs et du droit régit autrement la volonté individuelle chez les peuples riverains de la Méditerranée,

chez les peuples de l'Europe centrale et enfin en Angleterre ou en Suède. La civilisation européenne est une,
mais la civilisation est visiblement une synthèse de
forces sociales qui, selon les milieux, n'agissent pas
toutes avec une intensité égale sur toutes les populations.
Un type social est un ensemble de caractères variables
qui donnent lieu à des types secondaires où ils se manifestent tantôt plus, tantôt moins.

La statistique morale doit être considérée comme une
histoire très contemporaine qui, de décade en décade,
nous fait saisir les lentes et profondes variations de la
société à laquelle nous appartenons. Cette histoire qui
écrit ses conclusions en nombres, en moyennes, n'est pas
la seule que le sociologue puisse consulter. L'histoire
littéraire et religieuse, l'histoire de la législation, l'histoire des révolutions politiques vient en compléter les
enseignements. Elle nous montre, dans les deux siècles
précédents, une transformation rapide qui commence
d'abord en Angleterre, gagne de là la France, puis
l'Italie et l'Allemagne pour atteindre enfin d'un côté
l'Autriche et la Russie, de l'autre, l'Espagne et le Portugal. Cette transformation affecte à la fois l'ordre religieux, l'ordre politique et juridique, enfin l'ordre économique, civil et domestique, en d'autres termes les
croyances, les mœurs, les lois. La disparition du servage, la formation du prolétariat et son incorporation
graduelle à la société et à la culture, la sécularisation
de l'État et de l'instruction publique, l'adoucissement
du droit pénal réduit au strict nécessaire et transformé
en moyen d'amendement, l'introduction de la démocratie
à dose plus ou moins haute dans les institutions de tous
les États occidentaux, les luttes et les transactions entre
les capitalistes et les prolétaires, telles sont les grandes
données de l'histoire contemporaine : elles attestent,
comme la statistique, la transformation profonde et iné-
vitable des liens sociaux.

2. Eléments d'un type social. — La transformation

n'est pas partout également rapide ni accompagnée des mêmes crises. Si nous comparons l'histoire de la démocratie en Angleterre et en France au xix° siècle, nous voyons que dans le premier de ces pays la démocratie s'établit grâce à la liberté de discussion, à la suite d'une série d'agitations pacifiques suivies de réformes et de transactions, et dans le second, à la suite d'une série de révolutions violentes accompagnées d'invasions étrangères, de guerres civiles et de proscriptions. La statistique nous montre aussi que la crise morale est plus profonde et plus générale en France qu'en Angleterre. — Si nous comparons la France à l'Espagne, deux nations qui ont eu la même éducation religieuse et les mêmes institutions politiques, nous voyons que la transformation de la première a été beaucoup plus rapide, plus complète, plus féconde que celle de la seconde.

On attribuait souvent ces différences, soit à l'influence du milieu physique, soit au caractère national. Ces explications sont superficielles. Le caractère national est un résultat plutôt qu'une cause; le milieu physique est un théâtre offert à l'activité sociale, mais non son unique facteur.

De l'analyse des données de la statistique morale nous sommes conduits à conclure que le premier élément de la vie sociale, le plus fondamental, est *l'esprit de la société domestique;* c'est de lui que dépend le mouvement de la population et une grande partie des phénomènes moraux et criminologiques. — Nous avons constaté à cet égard le contraste entre la Russie et l'Europe occidentale, entre certaines régions méridionales et l'Europe du Nord.

Vient en second lieu un caractère très lié au précédent : *la nature du travail et des échanges qui dépend elle-même de la division du travail;* c'est en cela surtout que l'Europe du midi est inférieure à l'Europe septentrionale et centrale.

3.

Nous savons enfin que la vie économique n'a pas partout les mêmes effets moraux. L'activité anormale est moins intense en Angleterre, en Suède, en Hollande, en Suisse que dans les autres états continentaux. Or ce sont des peuples dont l'éducation politique est faite de longue date et qui ont été accoutumés par les institutions de l'État et de l'Église à une certaine liberté de discussion, tandis que les autres peuples, notamment les Français dont la civilisation est plus raffinée, l'activité esthétique et scientifique, supérieure, ont été le plus souvent privés de toute liberté jusqu'à une date récente (1875).

Les éléments d'un type social sont donc : 1° l'organisation domestique ; 2° la division du travail ; 3° l'organisation de l'État. — La solidarité domestique, la solidarité économique, la solidarité civique et juridique sont des liens sociaux toujours associés à l'état des croyances, état influencé lui-même par l'activité intellectuelle.

B. - Classification des types sociaux. Les sociétés domestiques.

1. Données de l'ethnographie. — La société occidentale est la seule que la statistique morale permette d'étudier avec une réelle précision. Mais ce n'est pas la seule qui puisse être décrite. Nous avons vu que la colonisation européenne a rendu possible et même nécessaire l'étude des civilisations inférieures. Aux récits de voyageurs, récits vagues, sujets à caution, dont les auteurs sont tantôt des commerçants ignorants, tantôt des missionnaires imbus d'idées préconçues, ont succédé des enquêtes précises ordonnées par les gouvernements ou instituées par des savants, initiés à la psychologie et aux méthodes scientifiques. Nous avons parlé précédemment des unes et des autres.

Nous possédons ainsi aujourd'hui des renseignements authentiques sur la vie sociale des populations sauvages des régions boréales (Eskimaux, Yakoutes, Tchouktchis, etc.), équatoriales (Congolais, Mélanésiens, Australiens, Weddas de Ceylan, Peaux-Rouges de l'Union américaine et du Dominion, Mincopis des Andamans, aborigènes de l'Inde centrale), des populations barbares soit nomades (Kirghiz et Turkmènes du Turkestan, Arabes de l'Algérie), soit sédentaires (Moïs de l'Indo-Chine, Kabyles et Chaouïas de l'Atlas, Ossètes du Caucase, Sandehs, Soudanais, Polynésiens, Malgaches) et enfin sur les civilisations stationnaires de l'Hindoustan et de l'Extrême-Orient.

Ces sociétés ainsi décrites peuvent être classées, comme on classe les données zoologiques.

2. Principe de la subordination des caractères en sociologie. — Classer scientifiquement, c'est appliquer le principe de la subordination des caractères. Rappelons que ce principe consiste à regarder les caractères les plus généraux et les plus constants comme ceux dont dépendent les caractères plus spéciaux et plus variables.

Ce principe est-il applicable aux sociétés?

Pour répondre affirmativement, il est inutile de considérer les sociétés comme des organismes : il suffit d'y voir un système plus ou moins compliqué de *liens sociaux* tenant unis d'une façon permanente une collection de personnes pendant une série de générations. De ces liens, les uns ont un caractère universel en ce sens qu'on les retrouve partout où il y a des hommes; les autres sont de moins en moins constants et de plus en plus rares.

L'application du principe de la subordination des caractères est donc possible aux sociétés comme aux langues, sans parler des animaux, des plantes, des minéraux, des terrains, etc.

3. Classification des sociétés domestiques. — **La théorie patriarcale et les théories évolutionnistes.** — Deux causes ont contribué à rendre obscure et difficile une classification des types domestiques, — l'une est la

persistance de préjugés qui placent la famille patriarcale
à l'origine même des sociétés humaines, l'autre est la
confusion de deux sortes de problèmes d'inégale importance, relatifs les uns à la filiation et à la parenté, les
autres au mariage et à la société conjugale : De là, deux
classes de théories correspondant à la fixité des types et
au transformisme en zoologie, la théorie patriarcale et les
théories évolutionnistes.

La Bible, la *Politique* d'Aristote, le droit romain sont
d'accord pour voir dans la famille patriarcale non seulement le fondement de la société, mais encore la forme
originelle du lien social. L'accord de trois autorités aussi
vénérables, auxquelles les peuples civilisés doivent
toute leur culture morale, devait influer profondément
sur la sociologie à ses débuts. La statique sociale
d'Auguste Comte voit dans la famille paternelle un type
fixe, une institution universelle. L'observation ethnogra-
phique parut d'abord la confirmer. Non seulement elle
montra la famille paternelle et le culte des ancêtres à la
base des sociétés de l'Inde et de l'Extrême-Orient, mais
elle découvrit des sociétés domestiques du même genre
à tous les stades de la vie sociale et économique, chez un
peuple chasseur, les Weddas de Ceylan, chez des hordes
de pêcheurs, les Eskimaux, chez des pasteurs nomades,
les Hottentots de l'Afrique australe, chez certaines tribus
australiennes, etc.

La théorie patriarcale a donc encore des partisans
nombreux et influents non seulement parmi ceux qui,
comme Le Play et ses continuateurs (Tournemines, Demolins, de Préville, Vignes), demandent à la Bible les
conceptions directrices de la sociologie, mais encore
parmi les adeptes de Darwin et du transformisme. Au
nombre de ces derniers nous citerons Henri Sumner
Maine, Starck, Westermarck, les frères Sarrasin, obser-
vateurs des Weddas de Ceylan, etc.

La théorie patriarcale peut se résumer ainsi: L'équilibre des sexes, en vertu duquel les filles et les enfants

mâles naissent partout en nombre à peu près égal, les
conditions de la vitalité de la race, la nécessité d'assurer une protection aux mères et à leur postérité, condui-
saient instinctivement les hommes à adopter le type de
la famille paternelle. Les sentiments domestiques, de
nature morale et religieuse, qui naissaient spontanément au sein de la famille ainsi formée, la cimentaient.
La formation du patrimoine, sa transmission héréditaire
la mettaient en harmonie avec les exigences du travail,
tout au moins chez les pasteurs et les agriculteurs.

L'humanité tend donc au patriarcat et à la filiation
paternelle. Mais cette tendance peut être contrariée.
L'obligation d'émigrer pour trouver des subsistances
peut jeter les races vivant sous le régime patriarcal dans
des régions où les liens domestiques se désagrègent.
Selon l'école de Le Play, la chasse et la cueillette déterminent inévitablement une transformation anormale de
la société domestique. Un de ses représentants les plus
ingénieux, A. de Préville, dans ses *Sociétés africaines*,
essaie de montrer qu'en Afrique, la chasse, en séparant
l'homme de la femme, fait apparaître la filiation maternelle, car les enfants doivent vivre sous l'autorité de
leur mère, et que la cueillette des bananes fait apparaître le clan ; car pour cueillir les fruits et les préparer,
surtout pour défendre les bananeraies, il faut former
des associations nombreuses, au milieu desquelles la
famille patriarcale s'évanouit. Les Bushmen du Kalahari,
qui sont des Hottentots dégénérés, nous présenteraient
le spécimen d'une famille patriarcale désagrégée par la
chasse ; les Monbouttou du haut Congo, celui d'un clan
formé sous l'action de la cueillette [1].

Cette théorie contient en elle-même sa réfutation. Si
la chasse et la cueillette des fruits excluent la possibilité
d'une famille à filiation paternelle, si ce type domestique
n'a pu se former que chez les pasteurs et les agricul-

1. A. DE PRÉVILLE, *Les Sociétés africaines*, chap. III. § 2 et 3, chap. v,
§ 1 et 3. Paris. Didot. 1894.

teurs, il est certain qu'il n'est pas contemporain de
l'origine de l'humanité. Il est absurde de supposer que
les hommes ont commencé par la vie pastorale et agricole et qu'ils ont ensuite demandé leur subsistance à la
pêche, à la chasse, à la cueillette. La palethnographie,
qui est le vrai juge de cette question, nous montre que
les hommes, à l'âge paléolithique, ont inventé des engins
de pêche et de chasse bien avant d'avoir domestiqué le
chien, le renne ou le cheval, et que l'agriculture, impossible d'ailleurs pendant l'immense durée de la période
glaciaire, a dû être précédée par l'invention, bien tar-
dive, de l'art de préparer les métaux.

D'ailleurs, la théorie de l'école de Le Play est mal assise
sur les faits; les sociétés qui ignorent la filiation paternelle ne sont ni plus immorales ni moins stables que les
autres, et d'autre part il est faux que la chasse ou la
pêche rende impossible le système patriarcal que l'on
retrouve chez les chasseurs weddas et australiens, et
chez les pêcheurs esquimaux.

Les principales théories évolutionnistes sont celles
de Lewis-Morgan, de Grosse, de Kohler et de M. Durkheim; les deux premières assimilent le lien domestique au lien économique, les deux dernières au lien religieux.

Lewis-Morgan, qui avait vécu parmi les Iroquois-
Senecas de l'état de New-York et s'était fait adopter par
eux, est l'auteur d'une théorie qui a l'inconvénient de
confondre la classification des formes domestiques avec
celle de leur succession et l'inconvénient, plus grave
encore, d'identifier l'histoire de la famille avec celle de
l'industrie. Morgan remarqua que l'enfant iroquois
donne le nom de mère à un groupe de femmes, et celui
de père à un groupe d'hommes. « L'Iroquois n'appelle
pas seulement ses propres enfants, mais encore ceux de
ses frères, ses fils et filles, et ceux-ci l'appellent père.
Par contre, il appelle ses neveux et nièces les enfants
des sœurs, qui, eux, l'appellent oncle. Inversement,

l'Iroquoise, à côté de ses propres enfants, appelle ceux
de ses sœurs ses fils et ses filles, et reçoit d'eux le nom
de mère. Mais elle nomme neveux et nièces les enfants
de ses frères, lesquels l'appellent tante. De même, les
enfants des frères se nomment entre eux frères et sœurs,
ainsi que le font les enfants de sœurs, de leur côté.
Les enfants d'une femme et ceux du frère de celle-ci s'appellent mutuellement cousins et cousines. Et ce ne sont
pas là de simples noms, mais des expressions des notions que l'on se fait de la proximité ou de l'éloignement,
de l'égalité ou de l'inégalité de la parenté consanguine,
expressions qui servent de base à un système de parenté
complètement élaboré, et capable d'exprimer plusieurs
centaines de rapports de parents différents pour un seul
individu [1]. »

De ces observations Morgan tira deux conclusions :
la première est qu'avant la famille fondée par la filiation
paternelle, l'humanité a connu une société domestique
plus large et plus égalitaire, où la femme joue un rôle
aussi important que celui de l'homme, société qu'il n'hé-
sita pas à nommer la *gens*, en empruntant bien témérairement au droit romain un terme dont le sens n'était pas
fixé ; la seconde est que cette société a été désagrégée
par les causes qui ont fait disparaître la communauté du
sol et des biens, et que la famille est résultée de ce dé-
membrement, condamnée ainsi par ses origines mêmes
à être de plus en plus étroite, faible et instable.

Ernest Grosse, psychologue allemand connu par
ses travaux sur les origines de l'art, a mieux distingué que Morgan entre la définition des types domestiques et leur classification, mais comme lui il a
professé que les liens domestiques dérivent des liens
économiques. — L'esprit de sa théorie est de distinguer
entre : 1° la famille au sens strict, c'est-à-dire le couple

1. Nous empruntons ces lignes à l'exposition que F. Engels a donnée
de la théorie de Morgan. *L'Origine de la famille*, § 2, trad. fr. Georges
Carré, 1893.

conjugal et les enfants qui en sont nés ; 2° la famille au
sens large, c'est-à-dire une association de ménages
subordonnée à une autorité patriarcale ; 3° le clan, association beaucoup plus étendue, mais fondée sur une
parenté indéterminée et souvent fictive ; c'est ensuite de
rattacher ces types domestiques aux types économiques.
Il ramène ceux-ci à cinq. 1° les chasseurs inférieurs qui
poursuivent les animaux dont ils vivent sur d'immenses
espaces déserts (Bushmen, Weddas de Ceylan, Australiens, Eskimaux. 2° les chasseurs supérieurs qui ex-
ploitent des terrains plus féconds, plus limités, où la
dispersion est beaucoup moindre (Kamtschadales). 3° les
pasteurs (Kirghis, Mongols, Thibétains, Arabes ; 4° les
agriculteurs inférieurs (Malaisie, Mélanésie, Indiens de
l'Amérique) ; 5° les agriculteurs supérieurs, peuples où
l'agriculture est complétée par d'autres fonctions industrielles, tout en restant la principale branche de l'activité économique. — Or, chez les chasseurs inférieurs,
où la dispersion est extrême, on n'observe que des familles paternelles au sens étroit ; exceptionnellement le
clan se forme dans les cantons les moins déshérités. —
La subordination de la famille au clan est la règle chez
les chasseurs de l'ordre supérieur, où l'on trouve parfois dix mille personnes associées par une parenté réelle
ou fictive. — Chez les pasteurs, le clan ne se forme
qu'en temps de guerre , c'est là que s'affermit la famille
strictement patriarcale. — Chez les agriculteurs de
l'ordre inférieur, le clan se forme très fortement et devient la société domestique proprement dite, absorbant
l'individualité de la famille. Au contraire, chez les agriculteurs de l'ordre supérieur (Japonais, Chinois, Indous,
Slaves), le clan rétrograde et l'on trouve plus souvent la
famille, au sens large, dominée par l'Etat [1].

Le mérite de l'auteur est d'avoir montré l'influence
qu'exercent sur le lien domestique, comme sur tout autre,

1. ERNEST GROSSE, *Die Formen der Familie und die Formen der Wirths-
chaft*. Fribourg en Brisgau. Mohr.

la dispersion et la centralisation de la population. La critique lui reproche d'avoir mal défini le clan et de l'avoir confondu avec de simples associations de familles.

Kohler a repris l'hypothèse de Morgan, mais en tenant compte du lien religieux négligé par ce dernier. Il a surtout étudié les rapports de parenté chez deux tribus indiennes de l'Amérique du Nord, les Omahas et les Choctas.

On appelle *totémisme* une croyance religieuse en vigueur chez les Peaux-Rouges et les Australiens ; elle consiste à adorer un animal, le loup, la tortue, le serpent, le chat sauvage, dans lequel un groupe humain voit son ancêtre mythologique. Dans certaines cérémonies solennelles, l'animal est solennellement immolé et un repas sacré, véritable communion, vient assimiler la substance de l'animal totémique à celle de ses adorateurs.

« Le totem est l'être animé ou inanimé qui sert d'emblème au clan et lui donne son nom. Or, suivant M. Kohler, c'est sur le totémisme que repose l'organisation primitive de la famille. En effet c'est l'institution sociale la plus ancienne que nous connaissions. D'un autre côté elle soutient avec la famille des rapports évidents, car l'animal qui sert de totem est honoré comme l'ancêtre du groupe. Tous les membres du clan sont donc censés descendre d'une même origine, être faits de la même chair et du même sang ; en d'autres termes ils sont tous parents. De cette proposition sort aussitôt un important corollaire. Si le totémisme est la pierre angulaire de la famille, celle-ci a dû nécessairement commencer par être maternelle, c'est-à-dire que la famille de l'enfant a été d'abord celle de sa mère et non celle de son père [1]. »

---

1. Prof. J. KOHLER. Zur Urgeschichte der Ehe Totemismus, Gruppen ehe, Mutterrecht. — Stuttgard. Enke. — Ces lignes sont empruntées à l'analyse étendue que M. Durkheim a donnée de cet ouvrage dans l'*Année sociologique* (1re année, p. 306 et suivantes. Alcan).

M. Durkheim distingue plus nettement que les sociologues précités la famille de fait et la parenté consacrée
par les croyances sociales. La famille paternelle et mono-
game existe dans toutes les races, chez tous les types
sociaux, à tous les stades de la civilisation; mais les
liens qui en rattachent les membres les uns aux autres
peuvent le plus souvent être instables et n'avoir, relativement à la conscience sociale, aucun caractère moral
ou juridique. La parenté véritable est au contraire une
institution sociale, garantie par un ensemble de
croyances et de règles morales. Elle peut être fort diffé-
rente, soit de la consanguinité, soit de ce que nous appelons aujourd'hui les sentiments de famille [1].

Selon M. Durkheim, la parenté primitive ainsi entendue
se confond avec une société religieuse qui professe le
totémisme. Cette société n'a été conservée intacte nulle
part, mais on en trouve de très importants vestiges chez
des races sauvages très différentes et qui, vraisembla-
blement, n'ont jamais eu de rapports (Australiens,
Peaux-Rouges, Polynésiens). Tous ceux qui ont le
même totem, qui se croient descendus d'un même animal et qui, en des sacrifices solennels, communient en
l'animal totémique sont parents. Toute relation matri-
moniale leur est interdite sous les peines les plus
rigoureuses. Nul ne peut avoir deux totems. Il en résulte que si l'enfant conserve le totem de sa mère (cas
fréquent), il n'y a pas de relation de parenté entre lui et
son père réel. En ce cas il obéit, non à l'autorité de sa
mère, mais à celle de ses oncles maternels.

Cette singulière société domestique est le *clan*. Il ne
faut pas le confondre, comme on l'a fait souvent, avec
des associations de familles, comme on en rencontre
dans l'Inde et chez les Slaves d'Orient, associations qui

1. M. Durkheim n'a pas encore publié son livre annoncé depuis longtemps sur les types familiaux. — Il a fait connaître ses vues dans plusieurs mémoires et de nombreux articles critiques publiés dans l'*Année
sociologique.*

reposent surtout sur des intérêts d'ordre économique.
— Le clan, en se transformant, a le plus souvent fait
place au village. Il a perdu les caractères de la société
domestique à mesure que la famille paternelle, qui
d'abord n'avait qu'une existence de fait a été reconnue
et consacrée par les mœurs et les croyances.

4. Distinction des principaux types domestiques.
— Avant d'adopter une théorie quelconque sur la succession des types domestiques, nous devons distinguer
ces types. C'est une œuvre laborieuse et les conclusions
auxquelles nous serons conduits ne peuvent être que
provisoires. Sous peine de se perdre dans le dédale des
faits ethnographiques et de n'avoir pour issue qu'une
théorie préconçue, il faut adopter la distinction faite par
M. Durkheim entre la parenté sociale et la consanguinité naturelle. Cette distinction a une valeur universelle; nous la trouvons encore à la base de notre
société domestique qui repose sur la distinction de
la filiation légitime ou légale et de la filiation naturelle.

Ceci posé, nous reconnaîtrons quatre grands types
domestiques abstraits.

1° Le clan totémique pur, dont nous avons retracé les
caractères au paragraphe précédent.

2° La phratrie, clan secondaire, plus étroit, formé
d'individus ayant généralement, mais non obligatoire-
ment le même totem, et subordonné à une tribu.

3° La famille patriarcale agnatique, dont la famille romaine a été le spécimen le plus connu.

4° La famille paternelle, que par opposition à la précédente, nous pouvons appeler *cognatique*; c'est la famille des Européens modernes; on a hasardé, et c'est
une opinion plausible, qu'elle s'est formée d'abord chez
les Germains, avant les invasions des barbares [1].

---

1. La sociologie nous donne ici une nouvelle raison de repousser
l'hypothèse de la race latine. Notre famille française est d'origine germanique et non d'origine romaine.

Ces trois premiers types domestiques correspondent
à des types religieux. La phratrie correspond visiblement à une restriction et à une dissolution initiale du
clan totémique et de la croyance mythologique sur laquelle il repose ; la famille agnatique, dans l'Inde moderne, comme dans l'ancienne Grèce et l'ancienne
Rome, repose sur le *culte des morts*. Les agnats seuls
sont réputés parents. Ils se rattachent au fondateur de la
famille par les mâles seuls ; s'il en est ainsi c'est qu'ils
peuvent seuls célébrer les rites et les cérémonies impo-
sées par le culte des ancêtres. On ne peut alors avoir de
parents dans la famille de sa mère parce que l'on ne
peut participer à deux cultes domestiques.

Il peut sembler anormal que la famille paternelle
cognatique fasse exception. Il se peut que le culte des
ancêtres n'ait pas acquis chez les Germains la même
rigidité que chez les Romains, les Egyptiens, les Hindous, les Chinois, etc. ; il se peut aussi qu'il soit tombé
plutôt en désuétude. Nous connaissons trop mal la vie
religieuse intime des anciens Germains pour émettre ici
un jugement. Mais un double fait est certain. — Le premier est que la famille paternelle (et non plus patriarcale) des Germains s'est répandue dans tout l'Occident
en même temps que s'enracinait le christianisme ; le
second, c'est que le droit romain a cessé de consacrer
la distinction entre la parenté agnatique et la parenté
cognatique dans les codes promulgués par les empe-
reurs chrétiens au début du moyen âge.

Quant à la diffusion de ces types, nous savons que la
famille paternelle cognatique caractérise l'Europe
occidentale et ses prolongements coloniaux ; la famille
patriarcale survit dans l'Hindoustan et l'Extrême-Orient.
Le clan a été observé chez les Yakoutes de la Sibérie
orientale et chez les races américaines autochthones ; la
phratrie caractérise les Australiens. Mais il ne faut pas
oublier que là où le clan est l'institution domestique reconnue par l'opinion et fondée sur les croyances, l'on

peut observer aussi une *famille de fait*, enveloppée par
lui et qui en menace l'existence. La race des Yakoutes
sibériens, parente des peuples turcs au moins par la
langue, est à cet égard très digne d'intérêt.

« L'unité sociale fondamentale (chez les Yakoutes est
le clan appelé *sib*. Sur la nature du sib, son mode de
composition, nous sommes médiocrement renseignés.
Mais nous savons que c'est un groupe qui comprend à
la fois des parents et des étrangers ; il varie d'ailleurs
en étendue suivant les nécessités économiques, complexité de nature qui est une des caractéristiques du
clan. Comme dans le clan, le sentiment de la solidarité
entre ses membres est très intense, quoique cette intensité tende à diminuer. C'est le *sib* qui est propriétaire du
sol. La terre est partagée entre les particuliers, mais les
allotements sont sans cesse révisés ; bois et pâturages
restent liens collectifs. Un esprit fortement communiste
inspire d'ailleurs toute cette organisation. »

« Quant aux familles particulières que comprend un
même *sib*, elles n'ont qu'une très faible cohésion et sont
même totalement dépourvues d'organisation juridique.
Il n'y a même pas de mot qui serve spécialement à désigner l'agrégat formé par le mari, sa femme et ses enfants. Ce sont des groupements de fait plutôt que de
droit. Aussi les relations n'y ont-elles qu'un très faible
caractère moral. L'ordre qui y règne est tout méca-
nique et tient presque exclusivement à la subordination
où les plus forts maintiennent les plus faibles. Entre parents et enfants il n'y a pas de devoirs définis et recon-
nus mais plutôt un antagonisme perpétuel. Le chef de la
maison exerce une autorité presque absolue sur sa
femme et ses enfants tant qu'ils sont en bas âge. Mais
dès que ceux-ci sont en état de se suffire, ils revendi-
quent leur indépendance, forcent le père à leur céder une
partie du patrimoine qui leur permette de s'établir librement ; puis lorsque les parents sont arrivés à la vieillesse, c'est à eux de subir la loi des plus jeunes, et elle

est très dure. La terminologie reflète cette absence
d'organisation. Il n'y a pas de mot précis pour exprimer
la relation qui unit un enfant à son frère, des frères ou
des sœurs entre eux. Ce que les termes employés dési-
gnent, ce sont simplement les différentes générations
du *sib*. Le Yakoute a un mot pour désigner collectivement tous ses compagnons de clan qui sont de son âge,
un autre pour tous ceux qui sont des générations antérieures, un autre pour les générations suivantes. C'est
donc que la seule parenté qui soit vraiment constituée
et organisée est celle du clan. On a ainsi un exemple
typique de l'antériorité de l'organisation propre au clan
sur l'organisation de la famille particulière. Celle-ci
existe bien en fait, mais c'est à peine si elle constitue
une institution sociale [1]. »

5. La société conjugale et les types domestiques.
— Bien loin de déterminer la constitution de la société
domestique, la société conjugale et le mariage en ont
d'abord été les conséquences. La société domestique
pose partout certaines règles juridiques, morales et religieuses qui déterminent les conditions de l'union conjugale. Le clan totémique considère comme un sacrilège
l'union d'un homme et d'une femme qui participent à la
communion totémique. La phratrie conserve en principe la même règle, mais elle autorise ses membres à se
marier dans les limites de la même tribu. La société conjugale est donc d'abord *exogame*. Quant au nombre des
épouses, il est alors considéré comme de peu d'importance et il arrive souvent qu'un seul homme épouse un
groupe de sœurs. A plus forte raison la famille patriarcale est-elle exogame, et très souvent polygame. Le mariage n'y forme pas une société distincte de la famille;
c'est une cérémonie religieuse introduisant dans la famille des personnes qui participeront à ses rites et con-
tribueront à assurer sa perpétuité.

1. E. DURKHEIM, *Année sociologique*. n° V. p. 365. (L'auteur rend compte
d'un abrégé anglais du livre de Siéroszewski sur les Yakoutes.)

La société conjugale n'a pu se distinguer de la famille qu'à dater de la formation et de l'expansion du quatrième type (famille paternelle cognatique). Les églises chrétiennes ont fait du mariage un *symbole* (μυστηριον, sacramentum) de l'union de Jésus-Christ avec l'Église. Le mariage a donc eu un caractère plus sacré que dans les sociétés antérieures. Cependant la *confarreatio* qui accompagnait le mariage romain était aussi une cérémonie religieuse d'un caractère auguste, et néanmoins la personnalité de la femme était absorbée dans celle de la famille du mari sans qu'une communauté conjugale pût se former. La sanction religieuse n'a donc pas suffi à conférer à la société conjugale chrétienne le caractère qui la distingue de familles plus anciennes. La vérité est plutôt que la famille paternelle cognatique n'avait pas la solidité de la famille agnatique et qu'une société plus étroite, plus intime, reconnue d'ailleurs par la religion, le droit et les mœurs, a pu aisément s'y former.

La différenciation de la société conjugale et de la famille paternelle n'a pas d'ailleurs été l'œuvre d'un jour. Elle a été poussée à l'extrême chez les Anglo-saxons d'Amérique. Des institutions, moitié domestiques, moitié économiques, telles que la dot et l'héritage, y font encore échec en France.

C. — Classification des types sociaux. (*Suite.*)

1. La division du travail social. — Les sociétés qui ont conservé le type du clan et de la phratrie sont profondément différentes de celles qui ont adopté l'organisation patriarcale ou simplement paternelle. Quoique la majorité des races humaines soient restées fidèles au type du clan, celles qui l'ont abandonné ont couvert le monde de leurs œuvres et de leurs ramifications. Nous devons donc chercher des caractères secondaires qui nous permettent de classer ces dernières qui constituent, à proprement parler, l'humanité civilisée.

Dans le clan totémique la division du travail, en
d'autres termes la spécification des tâches, est très peu
avancée. Les hommes, les femmes, les enfants et les
vieillards ont sans doute des occupations différentes,
mais cette spécification est, comme dans les sociétés animales, d'origine purement physiologique.

Au contraire dans les sociétés patriarcales de l'Inde
et de l'Extrême-Orient, l'on trouve des classes nettement
distinctes. La société chinoise est divisée en lettrés,
agriculteurs, artisans et marchands ; la société hindoue
est répartie en un très grand nombre de castes dont
chacune représente une fonction sociale définie et spé-
cifiée.

Enfin en Occident la spécification est poussée beaucoup plus loin encore, mais les occupations ou fonctions
ne sont plus localisées dans des familles ; elles sont soumises à une loi d'individuation.

La division du travail est donc le caractère sociologique
le plus important après l'organisation de la société domestique. Non seulement elle détermine les rapports des
industries, comme l'ont montré depuis Adam Smith les
économistes, mais encore : 1º les relations de la population avec le sol ; 2º celles des travaux industriels avec
les travaux intellectuels et par suite avec l'opinion ;
3º celles des gouvernés avec les classes dirigeantes.

Pour classer les sociétés d'après la division des travaux adoptée par elles, il ne suffit pas de considérer la
spécification des tâches, mais encore la nature des relations sociales qui en résultent. Les sociologues, qui
assimilent trop volontiers les communautés humaines
aux organismes, ne considèrent en général que la complexité de la coopération dérivée de la division des travaux ; ils sont conduits ainsi à n'admettre qu'un seul
type social présentant un grand nombre de degrés de
complexité. Mais cette vision des choses est trop simple
et se heurte au démenti des faits sociaux.

Il n'en est plus ainsi si nous considérons le fondement

de la division du travail et la nature des agents entre lesquels les formes d'activité sont réparties. Il est bien certain que les liens sociaux qui ont la coopération pour origine sont très différents selon que la division du travail repose sur un fondement organique ou sur un fondement psychologique. Dans le premier cas les relations auront un caractère immuable qu'elles n'auront pas dans le second. Il est évident aussi que les relations ne seront pas les mêmes si les agents de la coopération sont des familles se transmettant une profession ou une fonction comme un héritage ou si ces agents sont des individus manifestant leurs aptitudes propres et leurs caractères acquis.

Nous pouvons donc distinguer trois grands types sociaux dérivés de la division du travail :

1° La division fondée sur des caractères organiques qui sont essentiellement ceux des sexes, puis ceux des âges. Dans les sociétés les plus simples, celles que forment par exemple les Eskimaux du Groenland, certains travaux sont collectivement confiés aux femmes qui en ont seules la responsabilité devant la horde. On admet généralement que l'élevage, l'agriculture et l'industrie ont été d'abord des tâches essentiellement féminines ;

2° Vient ensuite un type social où la spécification des tâches a une base purement psychologique, mais où la fonction ou profession ne sort jamais d'une famille ou d'un groupe de familles. C'est le système des *classes héréditaires*. Quand la religion sanctionne cette organisation, quand les membres de la classe sont obligés de se marier entre eux, quand ils pratiquent certains rites étrangers aux autres classes, nous voyons naître le régime des castes ;

3° Enfin les agents de la division du travail peuvent être des individus exerçant une fonction ou profession à titre temporaire et pouvant même en changer plusieurs fois dans leur existence. Selon que ces individus sont

4

groupés en associations protégées ou seulement tolérées
par la loi ou qu'ils sont étrangers à tout groupement
corporatif, nous voyons se former des types subor-
donnés dont la distinction a pratiquement une grande
importance.

On conçoit facilement que ces types généraux puissent
présenter chacun un grand nombre de variétés. Le régime des classes héréditaires n'est pas le même en Chine,
dans l'Inde et en Russie. Le régime de la spécification
individualiste a d'autres caractères dans la démocratie
française et dans la démocratie américaine. Les sociologues doivent être très attentifs à ces différences, mais
il en est des types sociaux comme de tous les autres ; ils
n'expriment jamais qu'une moyenne de caractères.

2. L'Etat. Les types de la société politique. — Des
trois types de la division du travail le premier et le plus
simple peut être observé chez les races qui ont conservé
le clan totémique ; on peut trouver le second chez les
peuples de l'Asie et de l'Afrique où la famille est organisée sur le type patriarcal ; le troisième caractérise la
société occidentale. Mais il est aisé de voir que chacun
de ces types embrasse des états sociaux fort différents.

Il faut donc admettre l'existence d'un autre caractère
sociologique qui, quoique subordonné aux deux premiers, explique la différenciation de sociétés qui reposent sur une division du travail identique.

Ce caractère sociologique est la réaction que l'Etat
exerce sur la famille et la coopération.

Par exemple l'Angleterre et l'empire allemand sont
deux parties de la société occidentale. La société britan-
nique et la société allemande ont en commun la religion,
la langue, les caractères anthropologiques. Cependant il
n'y a pas en Europe deux sociétés plus différentes. La
raison en est qu'en Angleterre l'Etat est subordonné à
la famille et à la division du travail tandis qu'il les régit
étroitement en Allemagne.

Les sociétés politiques ou états que la sociologie

comparée observe peuvent être classés à deux points de vue différents :

1° Au point de vue des variations quantitatives, car selon les milieux l'État peut n'être qu'une horde ou un village ou avoir pour fondement une nation civilisée qui compte ses membres par dizaines de millions.

2° Au point de vue des variations qualitatives, c'est-à-dire des attributions que l'État exerce.

Ces deux points de vue peuvent concorder, car en général l'État exerce d'autant plus d'attributions qu'il est plus développé quantitativement ; et il n'a pu réagir sur l'activité de ses membres qu'autant qu'il a groupé sous son autorité un grand nombre d'éléments sociaux.

a) **Les grands types de l'Etat au point de vue quantitatif.** — L'Etat peut être : 1° une simple tribu tantôt nomade tantôt répartie en un ou plusieurs villages.

2° Une confédération de tribus, tantôt égales, tantôt subordonnées à l'une d'entre elles.

3° Une nation, tantôt homogène au point de vue linguistique, tantôt hétérogène.

Selon que nous considérons des populations nomades ou des populations sédentaires, la tribu et la confédération présentent des caractères différents. Dans le premier cas, la confédération est faiblement hiérarchisée (cas des Arabes, des Touaregs, des Turkmènes, des Kirghiz) ; dans le second cas seulement l'on voit apparaître le village, communauté dont les institutions spontanées ont exercé la plus grande influence sur le développement de la société politique.

Les tribus composées de villages sédentaires forment facilement des confédérations stables, dont la Kabylie moderne offrait récemment encore le type. La forme historique la plus célèbre de la confédération a été la cité grecque (ou italienne), qui d'après le témoignage formel Thucydide n'était à l'origine qu'une réunion de villages. Chez les Celtes et les Germains, les cités n'étaient que des agrégats de clans ; elles-mêmes s'agrégeaient en confédé-

rations étendues mais instables. Or les mêmes institutions
ont été observées chez les Peaux-Rouges, notamment
chez les Iroquois et les Sioux ; on les a retrouvées chez
les Toucouleurs du Soudan. — Très souvent, un clan ou
une tribu, plus guerrier, plus puissant, plus nombreux
que les autres, devient prépondérant et réduit les autres
à une condition subordonnée ; la forme égalitaire ou
républicaine fait alors place soit à la forme aristocra-
tique dans les petites confédérations, soit à la forme
monarchique. Les républiques patriciennes de l'antiquité, les empires des Aztèques au Mexique, des Mongols dans l'Asie centrale n'ont été que des confédérations ainsi modifiées.

b) **Les types de l'état au point de vue qualitatif.** —
Au point de vue qualitatif, les Etats peuvent être classés
d'après la nature des attributions qu'ils exercent. La
plus grande incertitude a longtemps régné sur ce point.
Par exemple l'école individualiste anglaise a soutenu
que l'Etat en évoluant abdique la plupart de ses attributions d'ordre économique ou éducatif et se contente
de plus en plus d'administrer la justice. C'était voir les
faits sociaux comme on désirait qu'ils fussent. L'idée
d'évolution ou de métamorphose continue est d'ailleurs
si vague que tous les systèmes peuvent l'appeler à témoigner en leur faveur.

Nous devons donc, pour éviter toute équivoque, nous
appuyer sur la classification précédente et chercher
quelle est la nature de la réaction que l'Etat, dans
chaque type, exerce sur la société. Cette réaction prend
toujours la forme juridique ; les règles juridiques im-
posées par l'Etat peuvent d'ailleurs avoir pour objet,
non seulement la sanction de la justice, mais l'éducation, la production, l'échange, la répartition des ri-
chesses, la religion, etc.

C'est donc de la nature des règles juridiques que
dépend une classification qualitative des Etats.

Or nous pouvons distinguer deux grands types poli-

tiques absolument opposés ; savoir : l'Etat qui n'a
d'autres règles juridiques que des coutumes invariables
et transmises par une tradition orale ; 2° l'Etat qui a
une législation écrite plus ou moins développée. Cette
différence n'est pas purement formelle comme un examen superficiel pourrait le faire croire. L'autorité de la
coutume n'est maintenue que par l'assentiment moral
explicite de la communauté. L'Etat n'a donc ici qu'une
puissance d'emprunt. Son autorité se confond avec celle
de la famille, de la corporation, de la société religieuse,
de la communauté de village. — Si au contraire l'Etat
impose à ses membres des lois écrites, s'il peut exercer
une véritable activité législative, c'est qu'il est déjà souverain, c'est qu'il a une puissance propre, indépendante
de celle des sociétés élémentaires, domestiques, locales, religieuses, qui entrent dans sa composition.
Dans un état asiatique, soumis en apparence à un despotisme illimité, l'activité législative est d'ordinaire très
faible ; elle est au contraire au maximum dans un Etat
libre du type moderne [1].

L'Etat que nous pouvons nommer *législateur* présente
lui-même deux grands types selon que les lois auxquelles il
soumet les particuliers sont exclusivement des règles pé-
nales et prohibitives ou que l'activité législative règle les
détails de la vie civile. Dans le premier cas (type juridique
dont la Chine moderne nous offre le spécimen), l'Etat
n'intervient que pour châtier les attentats contre la paix
publique ou les transgressions graves de la coutume
traditionnelle et religieuse, et il laisse aux coutumes domestiques, locales, professionnelles le soin de régir le
détail des relations sociales. Dans le second cas (type
qui a prévalu en Occident depuis l'empire romain et
surtout depuis la fin du moyen âge), l'Etat crée une législation civile et commerciale, une procédure, un droit
constitutionnel et administratif : en d'autres termes, il

---

1. Voir sur ce point capital SUMNER MAINE : *Étude sur l'histoire des
institutions primitives.* Chap. XIII, trad. franç. (Thorin.)

substitue son autorité à celles des sociétés domestiques,
des sociétés locales, des sociétés professionnelles et,
enfin, des sociétés religieuses. L'enfant mineur excepté,
le particulier n'obéit plus qu'aux lois de l'Etat. Il peut
former par contrat des associations, mais si elles l'aident à atteindre les fins de son activité, elles n'exercent
aucune juridiction sur lui.

L'Etat législateur souverain, exerçant une activité
législative définie, ne s'est formé que dans les sociétés
occidentales ; dans les pays où a régné le droit romain
(France, Allemagne, Italie), il exerce plus fortement son
autorité que dans les sociétés où a prévalu l'ancien droit
germanique (Angleterre, Etats-Unis, Pays scandinaves), mais pour le sociologue, cette différence est
secondaire. L'Etat anglais développe constamment ses
attributions, à la grande surprise d'un individualisme
superficiel ; nulle part l'activité individuelle n'est plus
réglée par la loi que dans les colonies anglaises de
l'Australie et de la Nouvelle-Zélande.

Le type d'un Etat qui n'a d'autre législation qu'un
droit pénal est la Chine. — Les idées les plus fausses
ont longtemps régné sur cette société politique que l'on
croyait soumise au despotisme administratif le plus
rigoureux. Il est prouvé aujourd'hui que l'autorité en
Chine est très faible et très peu centralisée. Vingt-cinq
mille fonctionnaires y suffisent à administrer quatre
cent millions d'hommes. Nulle part le village ne se
gouverne plus librement ; nulle part les associations ne
sont plus nombreuses et n'ont autant d'autorité sur leurs
membres. Mais la grande autorité est, en matière religieuse et juridique, la famille patriarcale.

L'Etat régi par la coutume des ancêtres a été observé
dans un très grand nombre de races agricoles, comme
les Kabyles du Jurjura, les Ossètes du Caucase, pasto-
rales comme les Kirghiz des steppes de la Sibérie,
vivant de la chasse comme les Iroquois, qui subsistaient
encore au siècle dernier dans l'Etat de New-York.

On voit donc qu'il y a une correspondance réelle entre les deux classifications de l'Etat. C'est dans l'Etat formé d'une tribu nomade ou d'une petite agrégation de villages que prévalent les règles juridiques fondées uniquement sur la coutume des ancêtres ; c'est dans l'Etat national que l'on observe la souveraineté législative définie. De même que la confédération est, au point de vue quantitatif, un intermédiaire entre la tribu et la nation, la législation limitée au droit pénal est un intermédiaire entre le règne de la coutume et le règne de la loi.

On peut remarquer que l'activité législative de l'État se développe normalement avec la division du travail. Celle-ci est peu avancée dans les villages de la Kabylie ou du Caucase ; elle l'est encore moins dans les hordes formées par les Kirghiz, les Touaregs, les Peaux-Rouges. — Dans l'Extrême-Orient, le travail est divisé entre familles ; la coutume prévaut encore sur la loi qui se borne à infliger des pénalités. — Dans l'Occident moderne, l'autorité de l'Etat correspond à l'affaiblissement des communautés inférieures, domestiques, professionnelles, religieuses, mais la division du travail qui repose sur la capacité individuelle a pour conséquence de subordonner étroitement l'individu à la société politique.

D. — La filiation des types sociaux.

1. La vraie et la fausse méthode évolutive en sociologie. — On a beaucoup écrit sur l'évolution des sociétés et les transformations des types sociaux. Si l'on en croyait certains auteurs, notamment Spencer, Marx, Loria, Vaccaro, cette question n'aurait plus de secret, mais il est loin d'en être ainsi.

La plupart du temps, les évolutionnistes ont songé beaucoup moins à découvrir la filiation des types sociaux qu'à démontrer l'action prépondérante d'un facteur social dans la transformation des sociétés inférieures et l'avènement des sociétés supérieures. Ce sont là des habitudes d'esprit héritées de l'ancienne philosophie de l'histoire ; il en résulte des systèmes sociologiques opposés dont chacun a pour champion une école beaucoup plus soucieuse de discréditer les écoles rivales que de donner une solution satisfaisante aux problèmes.

Nous ne devons pas repousser de parti pris l'idée de l'évolution, mais nous devons distinguer entre deux applications différentes de la méthode évolutive.

La première prétend partir d'une société primitive dont l'auteur se fait en général une conception hypothétique ; on descend ensuite le cours des temps en rattachant les différents types aux phases d'un développement social unique auquel on assigne à priori une seule cause et un seul moteur.

L'autre méthode marche du présent au passé, du complexe au simple ; elle rattache les formes supérieures aux formes inférieures en s'arrêtant là où manquent les données précises. Elle a pour guide et pour exemple les recherches génétiques des embryologistes et celles des linguistes.

La seconde méthode, qui procède inductivement du connu à l'inconnu, est seule positive et seule propre à écarter les explications imaginaires. C'est cette méthode que nous appliquerons.

2. Données relatives à la filiation des types ; les formes de passage ; les survivances. — Le sociologue commence par la description du type social le plus élevé et le mieux connu, en s'aidant autant que possible de la démographie et de la statistique morale. C'est ce que nous avons fait en traitant de la société occidentale. Il demande ensuite à l'histoire du droit, des croyances religieuses, des institutions économiques, la connaissance du rapport qui unit ce type social aux types immédiatement inférieurs. C'est ce qu'ont fait Fustel de Coulanges dans la *Cité antique*, Sumner Maine dans *l'Ancien droit*, les *Institutions primitives*, les *Communautés de village*, la

Coutume primitive, Schmoller dans l'*Histoire de la division du travail*, etc.

Mais l'histoire des institutions et des croyances est insuffisante à nous faire connaître la généalogie des sociétés, même si elle est complétée par l'archéologie et la linguistique ; elle nous fait assister à l'épanouissement d'un type plutôt qu'à sa naissance ; elle doit être éclairée et complétée par le procédé comparatif.

Les deux grandes données de la sociologie comparée sont les formes de passage et les survivances.

Nous appelons *formes de passage* des états sociaux ou des institutions relativement stables qui se présentent à l'observateur comme exactement intermédiaires entre deux stades historiques parcourus par une société ou une institution dont nous connaissons le développement.

Par exemple nous savons que l'Etat national, dont la France offre le spécimen, a été précédé historiquement en Gaule, en Italie, en Grèce par deux autres grandes formes politiques: la cité ou confédération de tribus, le tribu ou groupement de village. Mais le passage de la cité à la nation est en partie enveloppé de ténèbres aux yeux de l'histoire.

Or, la Suisse, dans son présent et dans son passé, nous offre une confédération composée elle-même de confédérations plus simples telles que les Rhodes du canton d'Appenzell et les trois ligues du canton des Grisons. La Suisse est déjà un état national, mais le caractère fédératif y persiste dans la plupart de ses institutions ; elle présente donc les caractères d'une forme de passage entre la confédération gauloise ou germanique et la nation unitaire moderne.

L'Empire russe est à tous les points de vue une forme de passage entre l'Orient et l'Occident, entre la civilisation du moyen âge et celle de l'Europe moderne. La communauté de village, la corporation ou artèle, la persistance du droit canonique et des pénalités contre la dissidence religieuse, l'autocratie et l'orthodoxie en font

un témoin du passé de l'Occident en même temps que sa
puissance et sa civilisation le mettent au sommet des
sociétés orientales.

On voit donc que l'étude attentive des formes de
passage permet au sociologue de rattacher sans risque
d'erreur un type politique ou social à un autre.

L'étude des survivances est plus féconde encore en
résultats.

On donne le nom de survivance à un phénomène social, souvent très secondaire, qui pourrait disparaître
sans que l'ordre social dont il fait partie fût troublé.
C'est une institution, une coutume, un usage que l'on
conserve et respecte, non à cause de son utilité ou de sa
valeur morale mais parce qu'on le tient des ancêtres.
Comme les organes rudimentaires en anatomie comparée
et en embryologie, les survivances attestent qu'une société tire son origine d'une société plus ancienne dont
les institutions ont été graduellement et lentement transformées.

On peut distinguer des survivances concrètes et des
survivances symboliques. Par exemple, la noblesse, re-
présentée encore en certains pays d'Europe par des
assemblées politiques spéciales (chambre des lords,
chambre des seigneurs, table des magnats), est la survivance concrète d'une hiérarchie sociale héréditaire et
reposant sur la propriété foncière et l'autorité militaire.
— Au contraire, les gestes et cérémonies qui accompagnent les relations entre inférieurs et supérieurs,
ainsi que beaucoup de rites religieux (le pélerinage de
la Mecque, pour ne citer que le plus caractéristique),
sont les symboles de rapports sociaux aujourd'hui
effacés, mais beaucoup plus amples et plus définis dans
un passé lointain.

Les survivances concrètes nous aident à former la
généalogie historique des sociétés supérieures; les survivances symboliques éclairent le rapport des phases
historiques aux phases préhistoriques. Si nous saluons

aujourd'hui les personnes de notre connaissance en nous découvrant, c'est que nos lointains ancêtres, comme beaucoup de sauvages contemporains, attestaient l'absence d'intentions malveillantes chez eux en portant ostensiblement à leur tête leurs mains désarmées.

3. Filiation des types politiques. — La réaction de l'Etat sur la société est des trois grands caractères sociaux le plus subordonné et le moins général; c'est celui qui s'est développé le plus tardivement, celui que les historiens ont le plus facilement et le mieux étudié. Si l'on étudie la filiation des sociétés en remontant du présent au passé, c'est par la comparaison des types politiques qu'il faut commencer.

Si l'Etat est caractérisé lui-même, non par les formes de gouvernement, mais par la nature des règles juridiques le problème est de : 1° découvrir des formes de passage entre l'activité législative de l'Etat moderne, le droit pénal et le droit coutumier de l'Etat primitif ; 2° les survivances de la coutume dans la vie juridique des Etats régis par une législation écrite complètement développée.

a) **Formes de passage.** — Le droit romain, bien qu'étudié superstitieusement au moyen âge et mis en application en Italie, en Allemagne et dans le midi de la France, n'a été réellement que le droit de l'empire romain. Il s'est développé et a pris peu à peu sa forme définitive parallèlement à l'unification des populations hétérogènes rassemblées par la conquête romaine et groupée sous une seule autorité. L'histoire du droit romain est celle de l'effacement des caractères du droit civil primitif ou droit quiritaire formulé par la loi des *Douze tables*. Or, cette loi n'était elle-même que la rédaction d'une coutume ne différant que par certains détails de celles qui prévalaient chez toutes les populations semi-barbares de l'Occident, de l'Iran et de l'Inde, arrivées au stade agricole. Entre les coutumes des premières sociétés historiques et la législation d'un Etat

moderne telle que la France ou l'Allemagne, le droit de
l'empire romain, considéré historiquement, présente
donc non pas une forme, mais une série de formes de
passage, que l'on ramène généralement à cinq, le droit
quiritaire, le droit prétorien de l'ère républicaine, le
droit romain classique (ou droit du haut empire), le
droit de Justinien, le droit romain moderne.

La Kabylie moderne a offert à ses investigateurs une
autre forme de passage entre le droit romain primitif
(spécimen du droit des cités républicaines classiques) et
la coutume des villages barbares. Le gouvernement
français a été amené à constater que les petites républiques fédératives qui couvrent le sol montagneux de
la Kabylie n'obéissaient pas comme les autres populations musulmanes à la *chériat* ou loi civile et religieuse
issue du Koran. Les Kabyles appliquaient au jugement
de leurs litiges des coutumes dites *kanoun*, conservées
le plus souvent dans la mémoire des vieillards. La
France donna force de loi à ces coutumes et les fit rédi-
ger. Deux ethnographes, Hanoteau et Letourneux,
signalèrent, dans leur monographie de la Kabylie, une
analogie profonde entre ces coutumes et celles des
tribus germaniques, la *loi salique* notamment. Enfin,
Masqueray, dans son livre sur la *Formation des Cités
chez les populations sédentaires de l'Algérie*, montra
qu'entre le village kabyle et l'élément premier de la cité
romaine ou hellénique (pagus, δῆμος), l'identité est complète.

Cette découverte est d'importance capitale. Elle a une
double portée. Déjà Sumner Maine avait prouvé que les
origines du droit romain, du droit germanique et du
droit hindou sont les mêmes et ont leurs racines dans
les mêmes coutumes. Le droit romain perdait ainsi le caractère exceptionnel et quasi divin que les légistes lui
avaient attribué. Masqueray confirme cette conclusion
en montrant en outre que la coutume primitive dont le
droit romain est issu n'est pas la création de la pré-

tendue race indo-européenne, puisqu'on la retrouve sous une forme plus simple encore chez une race toute autre, les Berbères africains. — Sumner Maine avait également émis l'idée que la coutume est l'ensemble des règles juridiques en vigueur dans une communauté de village qui s'administre indépendamment de l'Etat; Masqueray va plus loin. Il montre qu'en Kabylie le village (taddert) peut déjà être considéré comme un Etat gouverné par l'assemblée de ses membres (djemâa) : le village est le noyau dont l'Etat tout entier est sorti.

Le même auteur a découvert l'existence d'une forme primitive encore plus simple que le village sédentaire de la Kabylie. C'est le village formé par les Chaouïas de l'Aouras (province de Constantine). Ce village n'est pas autre chose que la tribu nomade ou une section de cette tribu fixée sur le sol arable pendant une partie de l'année (l'hiver et le printemps), et reprenant la vie nomade dès que vient l'été.

Ainsi un petit nombre de formes de passage permettent de rattacher l'Etat national avec son activité législative aux formes les plus humbles et les moins définies du village primitif. .

b) **Survivances**. — La coutume survit-elle dans le droit écrit ? Le village autonome survit-il dans le grand état ? Cette double question doit être résolue pour que la loi de filiation des grands types de l'Etat puisse être considérée comme établie.

La survivance de coutumes immémoriales dans la vie d'un état très civilisé, est le spectacle que nous offre l'Angleterre. Le droit anglais n'a jamais été codifié. Il se compose de deux éléments, un élément superficiel, l'ensemble des bills ou statuts votés par le Parlement depuis la fin du moyen âge et la *common law*, loi non écrite appliquée par les tribunaux, grâce à l'institution du jury civil, adaptée aux besoins sociaux dans la série des temps. Or, la *common law* contient des survivances 1° du droit canonique; 2° du droit féodal; 3° des coutumes

5

normandes et saxonnes, c'est-à-dire germaniques. Dans
l'archipel normand et surtout à Jersey, les vieilles coutumes germaniques et féodales se sont conservées, plus
pures encore de toute altération, ainsi que l'organisation
judiciaire qui y correspond.

Dans l'empire russe, même en faisant abstraction des
populations barbares des rivages de la mer Blanche, des
plateaux de l'Oural et des vallées du Caucase, nous
trouvons les populations rurales régies par un droit
coutumier très différent du droit civil et administratif
auquel sont soumises les populations urbaines. Le village
a conservé lui-même son organisation antérieure, son
administration, ses tribunaux. On y trouve une image
effacée de la communauté de village telle que l'on peut
l'observer en Chine, en Annam, en Hindoustan et plus
encore dans les républiques municipales de la Kabylie.

Il est donc acquis à la sociologie comparée que la ra-
cine du grand état moderne est le village, de même que
la forme primitive de la législation est la *Coutume* fondée
sur la conscience collective du village.

4. Filiation des formes de la division du travail. —
La coopération sociale, résultant de la division du travail, est un caractère plus profond que n'est l'organisation de l'Etat. Aussi le problème de la filiation est-il plus
laborieux et a-t-il donné lieu à des solutions plus con-
jecturales.

Un fil conducteur doit être demandé à la géographie
sociale. En effet, la division du travail n'a jamais pu
être complètement indépendante du milieu physique. Les
fonctions et les occupations ne peuvent en effet se diviser sans se spécifier ni se spécifier sans se localiser.
Or certains milieux physiques sont favorables à cette
localisation tandis que d'autres y sont contraires.

Rappelons que les trois grandes formes de la division
du travail sont en allant des plus simples aux plus complexes. 1° La division à base organique, fondée sur les
aptitudes différentes des sexes et des âges ; 2° la division

à base héréditaire, collective et domestique; 3° la division à base de capacité individuelle.

a) **Formes de passage. L'Europe centrale.** — Dans l'Amérique du Nord et dans les états de l'Europe occidentale, la forme individualiste de la division du travail a prévalu. De là les tendances démocratiques de ces sociétés et l'effacement progressif des différences entre les classes, mais dans l'Europe centrale, il n'en est pas ainsi.

L'Empire austro-hongrois et l'ancienne Pologne offrent au regard des sociologues des formes de passage bien caractérisées. Considérons par exemple l'Etat que l'on appelle Hongrois (Magyar Orszag) du nom de la population qui y domine. Nous y trouvons une distinction entre les villes et les campagnes beaucoup plus tranchée que dans l'Ouest de l'Europe. La société rurale est divisée elle-même en deux couches. 1° La noblesse, de langue et d'origine magyare, qui a la propriété du sol et exerce les fonctions publiques; 2° les paysans slaves dans les comitats du Nord, roumains dans les comitats du Sud. La société urbaine est composée d'une bourgeoisie immigrée d'Allemagne au moyen âge et d'une nombreuse population juive vouée aux petits emplois commerciaux. La société polonaise est constituée de la même façon sauf que les fonctions de l'Etat appartiennent aux conquérants allemands ou russes et que dans les villes la prépondérance appartient à l'élément juif.

Dans chacune des grandes couches dont se compose la société, la capacité individuelle peut se faire jour mais la structure sociale reste en grande partie héréditaire.

b) **Survivances.** — L'histoire des révolutions de l'antiquité, du moyen âge et des temps modernes, nous fait assister à une série d'assauts donnés à la société dont l'organisation repose sur une division héréditaire des fonctions et des occupations. Le patriciat grec et romain a dû accorder l'égalité civile et politique à la plèbe, au laos, que l'on peut rapprocher sans trop d'erreur de la bourgeoisie riche des temps modernes. La noblesse

féodale, au moyen âge, a, dans les communes subi l'as-
saut des serfs organisés en corps de métiers et en associations commerciales. Enfin dans les temps modernes,
la noblesse a dû partager les fonctions publiques avec
la bourgeoisie et la bourgeoisie a dû partager le droit
politique avec les classes laborieuses.

La question est de savoir si, comme le soutiennent
les interprètes ordinaires de la Révolution française et
de l'évolution démocratique, l'ancien type a été entièrement détruit et un abîme créé entre la société moderne
et celle du moyen âge.

Il n'en est rien. On peut observer dans toute l'Europe
démocratique une survivance du régime des classes héréditaires ; cette survivance est la noblesse. En Angleterre, en Autriche, en Hongrie, elle est encore repré-
sentée par des assemblées politiques spéciales (chambre
des Lords, chambre des Seigneurs, table des Magnats).
En Prusse le gentilhomme propriétaire de biens fonciers
(Rittergutbesitzer) a dans certaines provinces le privilège d'administrer seul la commune où sont situés ses
biens. En France le droit de siéger héréditairement à la
chambre des pairs n'a été aboli qu'en 1831 et la propriété
des titres nobiliaires est encore garantie par la loi.

Or si la noblesse n'était pas au sens absolu du mot une
caste, car on pouvait y entrer par anoblissement, c'était
une classe héréditaire, d'ordinaire en possession de la
grande propriété foncière et du privilège de fournir seule
des officiers aux armées.

Si au milieu d'une société où la division du travail est
toute entière assise sur l'hérédité des professions et des
fonctions, nous retrouvons un vestige de l'ancienne
organisation des clans, la filiation du type moyen de la
division du travail pourra être considérée comme prouvée.
Tel est le cas d'une région de l'Hindoustan où la vieille
société hindoue a été préservée des atteintes que
les états musulmans lui ont portées ailleurs, le Radjpoutana. Les Radjpoutes sont les descendants de la caste

militaire des Kchatriyas, réfugiés après la conquête musulmane dans une région déshéritée entre le Gange et le plateau du Dekhan. Ils y vivent organisés en villages et en principautés rappelant à l'observateur soit la description de la Grèce aux temps héroïques, soit celle des Ecossais des hautes terres au seuil de l'âge moderne. Or le centre de chaque petit état est un clan réputé pur, vivant noblement aux dépens d'une caste de paysans asservis. L'alliance de ces clans est considérée comme un honneur par toutes les maisons régnantes de l'Inde. Sans doute le clan du Radjpoutana ne rappelle que vaguement le clan maternel et totémique ; la filiation paternelle et la parenté agnatique y prévalent, mais l'extension de la parenté et son caractère religieux prouvent que nous sommes en présence d'un vestige de la plus ancienne société domestique.

Cet exemple, confirmé par beaucoup d'autres, autorise à croire que la division du travail à base héréditaire est résultée de la subordination de certains clans à certains autres. L'organisation du clan s'est ensuite peu à peu effacée et a fait place à celle du village et à celle de la caste supérieure, militaire ou sacerdotale, plus ou moins gauchement copiée par les classes inférieures. Des institutions telles que celles de l'esclavage et de l'ilotisme ou servage ont contribué à la fois à affermir la division de la société en classes inégales et à effacer les caractères de l'ancienne société domestique [1].

5. Filiation des formes de la parenté et de la société domestique. — Nous arrivons à la *vexata questio* de la sociologie comparée. La famille patriarcale et le clan maternel ont coexisté dans la plupart des races et

1. C'est une erreur de croire que partout le servage ait été précédé et conditionné par l'esclavage. Ces deux institutions coexistaient en Grèce, en Egypte et coexistent dans l'Extrême-Orient. L'ilotisme est la condition de cultivateurs qui travaillent pour le profit soit d'un état conquérant, soit d'une classe supérieure. Aristote donne cette condition comme celles des Hilotes du Peloponnèse, des Pénestes de la Thessalie et des Periéciens de la Crète.

des civilisations dès l'antiquité la plus reculée. L'une de
ces formes est-elle primitive? La famille patriarcale est-
elle sortie par évolution du clan maternel?

Nous avons examiné ailleurs la théorie patriarcale et
les théories évolutionnistes. Nous devons maintenant
reprendre l'examen de la même question au point de vue
de la généalogie des types, et en tenant compte de la distinction nécessaire d'une parenté sociale ou de droit et
d'une parenté de fait ou fondée sur des relations de consanguinité.

On peut affirmer avec une entière certitude que dans
aucune race ou société organisée en clans maternels on
ne retrouve de vestiges ou de survivances d'une société
plus ancienne organisée en familles patriarca...s. L'ethnographie ne cite qu'une exception apparente : les
Bushmen ou Boschimans du Kalahari sont des Hottentots astreints à vivre de chasse et de cueillettes dans des
régions désertiques. Les Hottentots sont des pasteurs
organisés en familles patriarcales. Chez les Bushmen
l'on ne trouve qu'une sorte de famille maternelle. La
forme inférieure provient donc ici d'une dissolution ou
régression de la forme supérieure.

Cet exemple ne prouve rien ou se retourne contre
ceux qui, tels que M. de Préville, l'invoquent en faveur
de la théorie patriarcale. En effet, la société domestique
chez les Bushmen, (si la description qu'on nous en
donne est fidèle) n'est pas un clan maternel, mais une
famille de fait, peu étendue et peu consistante. Si elle
provient d'une transformation régressive de la société
domestique en vigueur chez les Hottentots, nous avons
plutôt là une preuve indirecte que la famille patriarcale
adoptée par ceux-ci est sortie par évolution du clan
maternel. En biologie et en psychologie, la loi de régression détermine l'effacement des caractères récemment acquis et la réapparition des caractères primitifs
effacés. Il n'y a pas de raison pour qu'il en soit autrement en sociologie. La famille des Bushmen est le pro-

duit d'un retour à la filiation maternelle que les Hottentots ont jadis abandonnée pour la filiation paternelle.

Donc aucun doute n'est possible. Si l'un des types domestiques provient de l'autre, c'est la famille patriarcale
et agnatique qui est sortie du clan maternel. Mais c'est
l'examen des formes de passage et des survivances qui
peut seul autoriser une conclusion affirmative.

a) **Formes de passage. Tribus nomades. Villages
communautaires.** — Plusieurs races ou groupes linguistiques homogènes nous offrent dans une branche la
famille patriarcale, la filiation paternelle et la parenté
agnatique, dans une autre la filiation maternelle ou le
clan. Ce sont toujours chez les groupes inférieurs en
civilisation que prédomine la seconde forme.

Nous avons précédemment décrit le clan chez les
Yakoutes de la Sibérie orientale. Les Yakoutes sont
apparentés par la langue et les caractères ethniques à
une grande race qui a joué un rôle considérable dans
l'histoire de l'Asie, la race turque. Cette race comprend
trois groupes ethniques à des stades de développement
social inégaux : 1° des clans errants de chasseurs en
Sibérie ; 2° des tribus nomades disséminées depuis le
lac Baïkal jusqu'à la Mer Noire (Kirghiz, Turkmènes,
Nogaïs) ; 3° des populations déjà arrivées depuis longtemps au stade de la civilisation agricole urbaine, les
unes organisées en Etats indépendants, les autres inté-
grées dans l'empire russe (Turcs, Ottomans, Ousbegs,
Tatars de Crimée, de Kazan, etc.) Il est inutile de
dire que la société domestique, dans le groupe supérieur, repose exclusivement sur la filiation paternelle.
Mais le clan a laissé de très importants vestiges chez le
groupe intermédiaire, notamment chez les Kirghiz.

Le village sédentaire est, en beaucoup de populations,
une transformation du clan. Chez les Peaux-Rouges,
les Polynésiens, les Kamstchadales et beaucoup de populations noires africaines, le clan et le village ne font
qu'un. Les co-villageois ont un droit égal à l'usage de

la terre occupée et défendue en commun, soit pour la chasse, soit pour l'élève du bétail, soit pour la culture. Ailleurs, notamment à Java, en Annam et en Chine, dans l'Hindoustan, les vallées du Caucase, les régions rurales de la Grande Russie, enfin chez les Berbères, le village s'est distingué de la société domestique, le clan a disparu ; la famille paternelle exprime seule les rapports de filiation et de parenté. Toutefois les co-villageois croient encore qu'il existe entre eux une parenté vague, d'où résultent à leurs yeux des obligations précises. La communauté de village a droit au travail de ses membres ; sa responsabilité prime la leur ; elle les représente devant l'Etat, quand l'Etat est constitué. C'est ainsi que dans le royaume d'Annam, au moment de la conquête française, l'Etat indigène ignorait les droits et les obligations des individus et ne connaissait que ceux des communautés. Tout prouve donc que le village primitif est une société domestique transformée et élargie ; la solidarité très étroite qui en relie les membres est la conséquence d'un lien de parenté très vague, attestant une parenté plus ancienne et plus réelle.

b) **Survivances**. — La question des survivances de la filiation maternelle et du clan dans les sociétés historiques ou actuelles qui reposent sur la famille patriarcale ou tout au moins sur la filiation paternelle a donné lieu aux controverses les plus ardentes et parfois les plus fastidieuses. L'école de Bachofen a voulu retrouver partout des traces d'un matriarcat primitif ; Lewis-Morgan et ses amis ont commis de véritables pétitions de principe en assimilant sans preuves suffisantes la *gens* romaine ou grecque (γενος) au clan des Peaux-Rouges. On a forcé le sens des textes les plus vagues des poètes grecs, hindous ou germains pour les faire témoigner en faveur du système. Cette méthode a provoqué une réaction excessive. La sociologie génétique a donc dû reprendre l'examen de la question. On ne cherche plus

aujourd'hui à retrouver les survivances d'un régime
matriarcal qui aurait été universel, car il est prouvé que
la filiation maternelle, là où elle existe, n'a pas pour
conséquence l'autorité de la mère dans la famille. On
laisse de côté les textes poétiques, les généalogies des
dieux, etc., mais l'on étudie avec d'autant plus de soin
les mœurs, les institutions juridiques, notamment le
droit matrimonial et le droit successoral.

Nous distinguerons trois problèmes : 1° les survivances du régime matrimonial primitif; 2° les survivances de la filiation maternelle ; 3° les preuves de la
persistance du clan à l'âge historique.

Dans les deux types primitifs de la société domestique, la société conjugale est étroitement subordonnée
au groupe formé par la parenté soit totémique soit
agnatique. Par exemple le mari n'entre dans le clan
maternel qu'à titre d'élément subordonné, et, en quelque sorte, étranger. Nul ne pouvant communier en deux
totems, ses enfants ne continuent pas sa personne, mais
la société totémique à laquelle leur mère appartient. —
Il résulte de là que, si dans une civilisation qui repose
sur la filiation masculine nous trouvons une forme ma-
trimoniale qui a pour effet de subordonner le mari à la
famille de sa femme, il y a lieu d'y voir une survivance
du clan maternel.

Or le droit grec le plus classique a connu une institution de ce genre. Quand une famille n'a pas d'héritier
mâle qui puisse assurer la perpétuité du culte des morts
et du foyer, elle est continuée par les filles qui prennent
le titre d'*épiclères* ou héritières. Marier les filles *épi-*
clères est dans toutes les cités, notamment à Athènes,
l'office du magistrat. Mais le mari d'une épiclère n'est
pas un chef de famille ; il reste dans la famille de sa
femme et y occupe une situation subordonnée ; ses enfants ne participent pas à ses rites, mais à ceux de la
famille de leur mère ; ils ne continuent pas sa personne
mais celle de leur aïeul maternel.

On a interprété certains textes des tragiques grecs
dans le sens d'une survivance de la filiation maternelle
dans la Grèce des temps héroïques, mais le doute est
ici fort possible. Il n'en est pas ainsi d'un témoignage
formel d'Hérodote sur une institution qui caractérisait
les Lyciens. La population de la Lycie, au Sud de l'Asie-
Mineure, parlait une langue intermédiaire entre le grec
et le persan. Ses institutions ressemblaient à celles des
Cariens et à celle des Crétois, bref à celles des populations helléniques les moins transformées. Mais les
Lyciens se distinguaient de tous leurs voisins en un
point ; ils ne connaissaient que la filiation maternelle ;
l'enfant ne recevait jamais que le nom de sa mère ; sa
généalogie était celle des femmes dont il descendait ; il
suivait la condition de sa mère ; le fils d'une Lycienne
libre et d'un esclave lycien était libre ; le fils d'un
père lycien et d'une mère esclave ou étrangère était
esclave ou étranger [1]. — Il est certain que les Lyciens
n'avaient pas créé cette institution pour différer de leurs
voisins ; ils l'avaient donc reçu d'une tradition effacée
ailleurs.

Enfin les Grecs ont connu, et conservé longtemps au
moins dans la vie religieuse, une institution inséparable du clan maternel ; nous voulons parler de la phra-
trice. A l'âge héroïque, d'après l'*Iliade*, c'était par
phratries que les guerriers se rangeaient en ordre de
bataille. Or entre les phratores existent tous les devoirs de la parenté et de la solidarité familiale consa-

1. Voici ce texte dont on ne saurait évaluer trop haut le prix :
« Νομοισι δε τα μεν Κρητικοισι τὰ δε Καρικοισι χρεωνται. Εν δε τόδε
ιδιον νενομίκασι καὶ ουδάμοϊσι ἄλλοισι συμφερονται ανθρωπων'. κα-
λέουσι ἀπὸ τῶν μητέρων εωυτους και ουκ ἀπὸ τῶν πατέρων. εἰρομένου
δὲ ἑτέρου τὸν πλησίον τίς ἑίη, καταλέξει εωυτόν μητροθεν καὶ τῆς
μητρός ἀνανεμέεται τὰς μητέρας. καὶ ἤν μὲν γε γυνὴ ἀστὴ δούλῳ
συνοικήσῃ, γενναῖα τὰ τέχνα νενόμισται' ἤν δὲ ἀνὴρ ἀστός, καί ὁ
πρῶτος αὐτέων, γυναικα ξεινηνὴ παλλαχὴν ἔχῃ, ἄτιμα τὰ τεχνα γινεται.
Hérodote. A. 173.

crée par la religion et d'autre part, la phratrie est un groupe beaucoup plus étendu que la famille patriarcale la plus large.

Il est donc acquis à la sociologie génétique que le clan maternel avait laissé de larges survivances chez les Grecs. Or des survivances semblables se retrouvent à côté de la famille paternelle chez les Hindous et les Germains, les Celtes, chez les Egyptiens et les Chinois, peut-être même chez les Romains et les Hébreux.

On peut donc conclure, non pas que le clan s'est transformé en famille, mais qu'il a peu à peu rétrogradé en faisant place au village, tandis que la famille, qui n'était d'abord qu'une fragile association de fait, s'est consolidée, a reçu la consécration de la religion, du droit et des mœurs et s'est subordonné les forces économiques naissantes.

6. Importance de la généalogie de la société domestique. — Cette généalogie de la société domestique est une conclusion de la plus haute portée. — Au point de vue purement scientifique, elle autorise la fusion de la palethnographie et de l'histoire. Nous devons chercher nos véritables ancêtres chez les Sauvages qui pendant la période glaciaire peuplaient les cavernes du Périgord et chassaient le mammouth ou le renne avec des armes en silex taillé. — En effet leurs institutions ne pouvaient être supérieures à celles des sauvages qui ont aujourd'hui le même régime, la même industrie, les mêmes habitations. — Au point de vue moral, nous devons conclure à l'égalité des races humaines ; elles n'ont pas apporté dans la formation des sociétés d'aptitudes différentes ; toutes ont commencé par le clan et, en fondant le village, ont su poser les assises de l'Etat. Mais les unes ont rencontré des milieux favorables tandis que le développement des autres a été arrêté par la nature.

CHAPITRE IV

Les transformations sociales et le problème du progrès.

A. — Le problème du progrès.

1. Réalité et importance des transformations sociales. — Auguste Comte, en donnant à la sociologie un nom et une méthode, l'avait divisée en deux branches, une théorie de l'ordre ou de la stabilité des rapports sociaux, la statique sociale et une théorie du progrès de la succession des états sociaux, la dynamique sociale. Il avait subordonné la dynamique à la statique en ramenant le progrès au développement de l'ordre et l'ordre à un système de rapports invariables dans tous les États sociaux.

La méthode comparative nous conduit à reconnaître

des transformations sociales beaucoup plus étendues que celles dont Auguste Comte avait l'idée. Toutes les formes sociales sont issues de la communauté de village et le village lui-même n'a été d'abord que le clan maternel ou totémique fixé sur le sol. Les types sociaux les plus élevés et les plus complexes sont rattachés par une longue généalogie à des hordes sauvages et errantes où l'on ne retrouve aucune des institutions ou des règles sociales qui pour nous caractérisent l'ordre. Les caractères qui distinguent les sociétés supérieures ont donc été acquis lentement. On n'en pourrait citer aucun qui soit primitif.

D'un autre côté les témoignages concordants de la géologie, de la palethnographie, de la linguistique, de l'archéologie, de l'ethnologie nous prouvent que la phase historique de l'humanité a été jusqu'ici infiniment plus courte que sa phase préhistorique. L'humanité a vécu dans l'Europe occidentale pendant toute la période glaciaire qui a duré au moins cent mille ans. Elle a fait alors certaines inventions esthétiques et industrielles que l'on retrouve, accompagnées partout des mêmes notions mythologiques, des mêmes croyances, des mêmes institutions domestiques chez les races les plus différentes, des régions arctiques à la Terre de Feu, au cap de Bonne Espérance et aux archipels de l'Océanie. Il est donc certain que les migrations qui ont répandu partout l'espèce humaine se sont effectuées la plupart bien avant la fondation de l'empire égyptien, avant l'aube de l'âge historique.

A la vieille idée des principes éternels de l'ordre social il faut donc substituer celle des lois qui régissent la succession des Etats sociaux et les transformations lentes des formes sociales. Cette substitution ne décourage pas plus l'esprit conservateur et la tendance à la stabilité qu'elle ne surexcite l'esprit révolutionnaire et l'amour de l'innovation, car les transformations sociales réelles s'étant accomplies pendant une immense série de siècles,

nous sommes certains qu'elles ont été d'autant plus lentes
qu'elles étaient plus profondes.

2. Sens et valeur des transformations. Optimisme et pessimisme sociologique.

— Les transformations so-
ciales se sont-elles effectuées toujours ou même le plus
souvent dans le sens d'une amélioration des conditions
de l'existence humaine ? Ont-elles eu au moins pour effet
le perfectionnement des caractères distinctifs de l'espèce ? Ces problèmes ont reçu selon les temps et les
peuples des réponses opposées. La sociologie a eu ses
optimistes et ses pessimistes, ou pour mieux dire la
lutte de l'optimisme et du pessimisme moral a de plus en
plus abandonné la métaphysique pour la sociologie sans
perdre son caractère d'incertitude.

L'optimisme sociologique est la foi au progrès. Cette foi
a caractérisé la sociologie française (Condorcet, Fourier,
Comte, Littré) et, à un moindre degré, celle de l'Angleterre
(Bagehot, Lubbock). L'optimiste estime qu'en quittant la
sauvagerie préhistorique pour monter la série des éche-
lons de la civilisation, l'humanité a assuré l'épanouissement de ses facultés, accru son pouvoir sur les forces naturelles, diminué la part de la douleur et du mal moral. La
croyance au progrès a des sectateurs absolus persuadés
que toute transformation a été un bien ; elle a aussi des
partisans mesurés et réservés qui insistent plus sur l'accroissement des connaissances et des inventions que sur
celui de la justice et du bonheur.

La thèse pessimiste a été soutenue dans la seconde
moitié du xix° siècle par la philosophie sociale de l'Allemagne. Adoptée par une grande école socialiste, celle de
Marx, elle s'est répandue en Italie et a fait des adeptes
en France.

Edouard de Hartmann enseignait, dans la *Philosophie
de l'Inconscient*, que la foi au progrès est la troisième des
grandes illusions que devait professer l'humanité avant
de se convertir à la religion pessimiste. Cette idée a profondément agi sur les sociologues allemands. Le fond de

leur thèse a été résumé récemment par Vierkandt. Selon cet auteur, le passage de la sauvagerie à la civilisation correspond à l'effacement de l'instinct qui forme les relations de solidarité, chez l'homme comme chez les animaux. La civilisation est donc une dissolution des liens sociaux.

3. Relativité du progrès. Les régressions. — La foi absolue au progrès reposait sur une erreur de fait, l'identification de la sauvagerie et de l'égoïsme. On pensait donc que l'ordre social avait été partout et toujours une conquête sur la férocité des penchants personnels. Depuis il a été prouvé que nulle part la solidarité n'est plus forte, le sentiment du moi plus faible que dans les hordes sauvages. L'égoïsme primitif est un égoïsme collectif.

Si le progrès est un fait, il est relatif au développement de la connaissance et des fonctions mentales qui y répondent, à l'accroissement du pouvoir de l'homme sur les choses et à la formation du pouvoir de contrôle de l'homme sur lui-même. Demander s'il en est résulté une augmentation du bonheur de l'espèce, c'est demander si l'adulte est plus heureux que le petit enfant. L'insouciance de l'enfant le préserve des maux de l'adulte, mais l'instabilité de ses sentiments lui interdit les émotions fortes, élevées et durables. La vie des hordes sauvages les met de même à l'abri des soucis, des tentations, des problèmes qui assaillent l'homme civilisé; elle leur interdit aussi les jouissances qui accompagnent la culture et l'épanouissement des facultés humaines les plus hautes.

Le progrès serait donc tout relatif même s'il était régulier et continu. A plus forte raison la relativité du progrès doit elle être considérée comme une vérité sociologique dès que, à la lumière de l'histoire, on voit le progrès souvent interrompu par de longues et durables régressions.

On appelle régression en biologie et en psychologie la destruction des caractères les plus élevés et les plus récemment acquis. La régression n'est pas un retour de l'humanité ou d'une de ses branches à son point de départ, mais c'est l'affaiblissement des fonctions qui distinguent les sociétés supérieures des sociétés inférieures : exemples, le droit, la morale sociale, l'éducation. La plus connue des régressions est celle que subit l'Europe méridionale, civilisée par la Grèce et Rome, à la suite des invasions des peuples du Nord et de l'Est : Germains, Slaves, Scandinaves, Huns, Magyars, etc. Mais ce n'est pas la plus grave. L'Orient, à plusieurs reprises, a été plus profondément éprouvé. La civilisation de la Perse, de la Syrie, de l'Inde même, a reculé définitivement devant l'invasion des hordes nomades de l'Arabie et du Turkestan.

Faut-il aller jusqu'à croire que les sociétés obéissent à une loi de régression qui les condamne, une fois qu'elles sont arrivées à un certain degré, à parcourir en sens inverse les stades de leur développement? Vico, le fondateur de la philosophie de l'histoire, l'a enseigné. Sa théorie de la régression (ricorso) des choses humaines a eu d'illustres partisans ; elle en a encore, mais elle n'est pas vraiment induite des faits. Les régressions connues ont été dues à des invasions barbares dans le domaine des peuples cultivés. Or le domaine de la barbarie va se rétrécissant ; la loi est que le barbare s'assimile sans cesse au civilisé.

B. — Analyse du progrès. Développement quantitatif et qualitatif.

1. Les deux aspects du développement social. — La notion du progrès reste vague aussi longtemps que l'on ne l'identifie point à celle du développement. Mais le développement d'un être vivant peut être soit un accroissement, soit un perfectionnement. Un groupe humain famille, tribu ou nation, se développe quand il devien, plus dense ou plus volumineux sans que la morale sociale, le droit et la culture aient reçu le moindre perfectionnement. C'est ainsi que la population indigène de Java, sous la domination hollandaise, a passé au cours du xixᵉ siècle de quatre millions à vingt-cinq millions d'âmes sans subir de transformations profondes. Une société se développe aussi quand les relations entre ses membres deviennent plus réellement sociales, c'est-à-dire quand la division du travail y est poussée plus loin, quand les relations qui en résultent sont subordonnées à une conscience sociale plus éclairée et par suite sont plus soumises à la morale et au droit.

On voit combien est grave la confusion de ces deux formes ou aspects du développement social. Sans doute il y a quelque correspondance entre le progrès (ou la progression) de la population et le perfectionnement des relations sociales. Néanmoins on ne doit pas représenter par le même terme deux phénomènes aussi différents et qui parfois se contrarient.

2. Le développement quantitatif. Accroissement numérique et extension du cercle social. — En vertu des lois de la vie, la population d'une société quelconque tend à croître d'une façon automatique. De cet accroissement de la densité, relativement au territoire dont le groupe dispose, résulte véritablement un développement quantitatif de la société. Toutefois ce phénomène n'est pas le seul que nous devions considérer en sociologie. Les sociétés sont en effet soumises à une loi d'*amplification* formulée ainsi par M. Gabriel Tarde dans un ouvrage récent :

« Tous les domaines sociaux vont s'élargissant, depuis les débuts d'une histoire, jusqu'à son terme : le domaine linguistique, d'abord réduit à une seule famille [1], puis étendu à une tribu, à une peuplade, à un État municipal, à un Empire; le domaine religieux, qui, parti d'une petite secte, devient une immense Église; le

_____

1. Faisons toutes nos réserves sur cette hypothèse.

domaine politique, le domaine juridique, qui a traversé
des phases analogues ; le domaine économique, le
marché, qui, d'un étroit marché de village, est devenu
par degrés, international, interocéanique ; le domaine
esthétique enfin et le domaine moral. Si nous compa-
rions, à diverses époques successives, par exemple du
XII° siècle à nos jours, les changements subis par la
carte linguistique de l'Europe, ou aussi bien par sa
carte religieuse, par sa carte politique, par sa carte
juridique, par sa carte économique, nous constaterions
entre toutes ces cartes cette ressemblance que toutes
ont été se simplifiant, par la diminution graduelle du
nombre des langues, des cultes, des formes politiques,
des coutumes, des régimes industriels, juxtaposés et
coexistants ; ce qui signifie que les langues survivantes,
les cultes, les droits, les industries survivantes, ont été
s'amplifiant sans cesse [1]. »

L'amplification sociale et l'accroissement numérique
de la population ont inévitablement marché de pair. Les
petits cercles sociaux, indépendants les uns des autres,
n'auraient pu subsister que si leur population était
restée stationnaire.

Le nombre croissant des hommes fait éclater en
quelque sorte le cadre qui les contenait primitivement ;
mais chaque association tend à se reconstituer selon son
type antérieur. Les relations sociales ne subissent donc
que les modifications nécessaires pour que ce réarran-
gement dans un cadre élargi devienne possible. Il y a
donc accroissement mais non perfectionnement. — Sous
l'empire des forces inhérentes à la population, il y a
développement quantitatif, mais non progrès humain.

**3. Le développement qualitatif. Synergie et har-
monie des forces sociales.** — La sociologie naturaliste
a surtout mis en lumière l'importance et l'ampleur du
développement quantitatif. Volontiers elle ne voit dans

---

1. *Psychologie économique*, Tome I. Partie préliminaire, page 14.

les autres aspects du progrès que des phénomènes
secondaires. Mais la raison et l'histoire protestent contre
cette façon d'interpréter les faits sociaux ; elle condui-
rait en effet à des conclusions absurdes. Par exemple, à
la fin du XVIIᵉ siècle, la population totale de la France
paraît avoir été moins dense qu'en de certaines périodes du moyen âge ; cependant le progrès intellectuel réalisé par toutes les classes était considérable. Il
faut donc reconnaître la réalité d'un développement
qualitatif qui peut s'accomplir au milieu d'une population stationnaire, qui peut même y être plus complet et
plus rapide qu'au sein d'une population dont la densité
croît régulièrement.

Ce développement qualitatif est un perfectionnement.
Le sens commun admet qu'une société ne peut se per-
fectionner indépendamment de ses membres. Par suite,
le progrès qualitatif d'une société correspond au développement des attributs qui distinguent l'homme des
animaux, l'adulte de l'enfant et les races supérieures des
races restées à un stade inférieur. Il suffit de nommer :
1° les émotions complexes, morales, religieuses, esthétiques, intellectuelles ; 2° l'aptitude à l'abstraction et au
raisonnement réfléchi ; 3° le contrôle des actes et l'aptitude à réagir contre l'impulsivité des tendances ;
4° l'effort volontaire dans la lutte contre les forces du
monde extérieur. — Le progrès qualitatif de la société
est donc mesuré : 1° par le développement de la pensée ;
2° par l'empire de l'homme sur ses penchants ; 3° par
son empire sur les forces naturelles.

Toutefois cette notion du progrès reste encore indéterminée et sociologiquement obscure. On ne comprend
pas, au premier abord, pourquoi ce perfectionnement
de la personnalité raisonnable correspond à un développement de la société.

Cette obscurité se dissipe si l'on songe : 1° que les
attributs humains deviennent des forces sociales ; 2° que
le perfectionnement de la société est une *harmonie*, une

synergie des forces qui la composent. La société multiplie la puissance rationnelle de chaque individu par celle
de tous les autres ; elle la multiplie dans l'ordre de la
connaissance comme dans l'ordre de l'action ; la vie en
société, comme l'avait compris Spinoza, accroît la puissance de l'être raisonnable sur ses passions, comme elle
l'accroît sur la nature et pour les mêmes raisons [1].

C. — Les conditions du développement qualitatif.

**1. Diverses théories sur les conditions du progrès.
— Théories naturalistes et théories intellectualistes.**
— Les sociologues ont tendu le plus souvent à présenter le progrès social comme un phénomène aussi rigou-
reusement déterminé que ceux qui s'accomplissent dans
le monde physique ou organique, comme un processus
inflexible à la marche duquel la volonté réfléchie des
personnes serait entièrement étrangère. La confusion
du développement quantitatif et du perfectionnement a
beaucoup favorisé cette erreur.

Les théoriciens du progrès inflexible et involontaire
se sont partagés entre deux tendances : la tendance naturaliste et la tendance intellectualiste. La première a
pour principal représentant Herbert Spencer; Auguste
Comte est le théoricien le mieux connu de la seconde ;
mais, quelle que soit l'autorité de ces noms, ni l'une ni
l'autre des théories du progrès fatal ne soutient l'examen.

Selon Spencer le ressort du progrès est la concurrence vitale qui de guerrière devient peu à peu toute
économique. Mais la concurrence résulte elle-même de
la densité croissante de la population. Les modes de la
concurrence deviennent plus doux parce que les hommes

---

1 Voir notamment la quatrième partie de l'*Éthique.*

apprennent de la vie guerrière elle-même à unir leurs efforts par la coopération.

Herbert Spencer a préparé lui-même la destruction de sa théorie en enseignant dans ses *Principes de biologie* qu'il y a antagonisme entre l'*individuation* et la *genèse*. En d'autres termes plus l'individualité est développée dans une espèce animale ou une race humaine, moins cette espèce est féconde. Si cette loi régit l'humanité — comme Spencer n'hésite pas à l'affirmer — les conditions organiques du progrès font de plus en plus défaut, à moins qu'on ne les juge remplacées par un autre facteur, l'activité de l'intelligence.

Auguste Comte estime que le progrès des sociétés a eu trois facteurs secondaires, l'ennui, la longévité, la condensation de la population, et un facteur primaire, le développement de l'esprit humain lequel est soumis à la loi des trois états.

Mais Auguste Comte n'a pas réussi à montrer que le passage de la théologie à la métaphysique et de la métaphysique à la science positive ait jamais affecté le devenir des sociétés de façon à en expliquer clairement les transformations. Les croyances et les préoccupations théologiques ne sont jamais tombées en désuétude comme il le pensait; le polythéisme et le monothéisme ont coexisté chacun avec des formes économiques et politiques très différentes. Les préoccupations métaphysiques se sont fait jour dans la culture de la Grèce et dans la culture de l'Inde autant que dans celle du moyen âge et des temps modernes et si la constitution des sciences positives a affecté l'industrie, il n'en est pas résulté de transformations sociales définies et profondes soit dans la famille, soit dans l'Etat.

La grande erreur d'Auguste Comte est d'avoir pensé que l'activité de l'esprit humain peut obéir à une loi de développement nécessaire et dont la nécessité se communiquerait à la vie sociale tout entière. L'activité de l'intelligence est spontanée dans son fond et c'est la

spontanéité, la diversité, la contingence qu'elle intro-
duit dans le monde social.

Abandonnant ces vues unilatérales, nous devons donc
chercher inductivement quels sont les facteurs et les
conditions du progrès qualitatif.

**2. Principaux facteurs du progrès. — Le dévelop-
ment quantitatif.** — Nous avons montré plus haut que
le progrès au sens strict, le perfectionnement social, ne
doit pas être identifié avec le développement social quantitatif. Néanmoins, il y a entre les deux phénomènes une
réelle corrélation. Nous avons dit qu'une population
stationnaire peut progresser au point de vue qualitatif.
La France contemporaine en est un exemple. Mais ce
progrès, indépendant en apparence de l'accroissement,
n'aurait pas été possible sans une condensation suf-
fisante de la population. Il faut que le territoire ait
été antérieurement assez peuplé pour être mis tout
entier en culture, en sorte qu'une population urbaine
ait pu se former. La sociologie comparée en donne une
double preuve. Les sociétés formées dans les solitudes
boréales ou sur les plateaux désertiques de l'Asie et de
l'Afrique sont au plus haut point stationnaires et traditionalistes. Or les hommes y sont extrêmement disper-
sés sur le sol et ne peuvent combiner leurs efforts que
d'une manière précaire et intermittente. — D'un autre
côté les colonies formées par les Européens dans des
solitudes, telles que le Canada, la Sibérie, l'Afrique du
Sud, les rives du Rio de la Plata ont d'ordinaire pré-
senté, dans la première phase de leur existence, les caractères qui coexistaient avec la dissémination des co-
lons sur d'immenses surfaces.

Le développement quantitatif n'est pas seulement un
accroissement numérique de la population, mais une
extension des cercles sociaux. La dissémination des
hommes et l'indépendance réciproque des petits groupes
locaux sont deux aspects d'un même phénomène. C'est par
là que le développement quantitatif conditionne le pro-

grès social. — En effet, quand un grand nombre de petits groupes, familles ou clans, tribus, villages, villes, sont intégrés en un groupe unique, il doit s'établir, entre eux une coopération de plus en plus intime [1]. Il y a donc inévitablement combinaison des efforts, multiplication des forces intellectuelles et, indirectement, perfectionnement des unités.

3. Facteurs du progrès (suite). — Le mécontentement. — Les crises.

— Nous savons combien il est difficile de comparer les sociétés à des organismes. Il ne faut donc pas rapprocher les transformations progressives de la société des métamorphoses de l'animal ou de la plante. Dans les deux cas, on observe une crise, mais la crise sociale est consciente, la crise organique inconsciente. Or la conscience n'est pas ici un phénomène accidentel et négligeable; sa présence a pour effet d'accroître de porter au plus haut point l'intensité du phénomène. Les sociétés se transforment, non pas en vertu de causes qui agissent sur elles entièrement à leur insu, mais parce que leurs membres souffrent de l'état de choses que le passé leur a légué. La réflexion sur la souffrance a pour effet le mécontentement et toute l'histoire des révolutions et des crises permet de ratifier ce jugement de Stuart Mill : le progrès est l'œuvre des caractères mécontents.

L'effet du mécontentement est double; d'un côté, c'est le refus de l'assentiment aux règles de conduite, aux mœurs, aux institutions, aux croyances transmises par les hommes du passé, de l'autre, c'est la conception imaginative d'un état social où les désirs mécontentés, les tendances contrariées auraient pleine satisfaction. — Dans tous les âges de transition et de crise, l'activité littéraire donne lieu à deux sortes de créations; les unes sont des œuvres satiriques où l'idéal du passé est bafoué et livré au mépris; les autres sont des conceptions uto-

---

(1) E. DURKHEIM, *De la Division du Travail social*, 2ᵉ édition, livre II, chap. II.

piques qui tentent de présenter aux foules un idéal nou-
veau à réaliser. Voltaire et Rousseau au XVIIIe siècle ont
représenté ces deux tendances. Antérieurement, Platon
les avait synthétisées dans la *République*.

4. L'invention et l'imitation. — Le grand homme et l'homme moyen.

— L'utopie atteste violemment le
besoin social à satisfaire, mais elle ne contient jamais la
solution du problème posé à la société en travail. Cette
solution est l'œuvre de véritables *inventeurs*. En d'autres
termes, l'imagination créatrice agit dans le domaine de
l'activité industrielle, et de l'activité sociale comme en
celui de l'activité intellectuelle et de l'activité esthétique.
Les grands moralistes, les grands législateurs, les
grands politiques, les grands éducateurs sont compa-
rables aux inventeurs des procédés qui renouvellent
l'industrie, si ce n'est que l'invention est ici plus laborieuse et plus difficile à faire accepter. L'inventeur en
industrie s'expose souvent à la ruine ; l'initiateur social
s'expose à la persécution et à la proscription.

La grande initiative est le fruit du génie, c'est-à-dire :
1° d'un développement et d'une synergie des facultés
contemplatives et actives supérieurs à ce qu'ils sont
chez la moyenne des hommes ; 2° d'une fécondité anormale de l'imagination. L'existence du génie moral et
social a été mise en pleine lumière par Wundt, Th. Ri-
bot et Gabriel Tarde ; l'une des grandes erreurs de la
sociologie naturaliste est d'avoir réduit à rien le rôle des
grands hommes. Comme l'a enseigné Wundt, c'est dans
les époques de crise que les *esprits directeurs* (führende
Geister) peuvent se montrer avec espoir d'être suivis.
Dans les phases tranquilles, où prévaut l'ordre tradi-
tionnel, le milieu social réprime l'initiative, l'innovation
qui est presque toujours considérée comme le pire des
crimes et qualifiée selon les temps ou les peuples de
crimes religieux (sortilège, sacrilège, hérésie), ou de
crime politique. Il n'en est plus de même quand la vénération du passé s'est affaiblie, quand le mécontentement

est devenu général, quand les foules n'ont plus le choix qu'entre une résignation désespérée et les plus folles utopies. C'est alors que la voix des initiateurs peut se faire entendre et que leur exemple peut être social, leur sacrifice fécond.

L'action des initiateurs serait stérile s'ils ne mettaient en mouvement la force même dont la tradition et l'effet : nous voulons parler du penchant à l'imitation. L'homme moyen en général imite ses ancêtres, ses éducateurs, ses chefs religieux ou politiques; c'est une sage défiance envers lui-même qui le porte à régler sa conduite sur l'exemple des hommes du passé. Mais dans les âges de crise, il n'en est plus ainsi. La vénération du passé s'affaiblit et quand elle a disparu, l'exemple des pères et des chefs ne fait plus autorité. C'est celui des grands initiateurs qui y supplée jusqu'au moment où une nouvelle tradition plus souple et plus large s'est formée.

5. L'art social. — Ses applications croissantes. —
L'action des hommes de génie sur la vie sociale a pour effet d'introduire une organisation artificielle, un ensemble de combinaisons réfléchies dans les relations des hommes. Il y a un art de vivre en société; il se développe à mesure que les instincts collectifs disparaissent devant la réflexion. Cet art a plusieurs branches; il tend en effet à parfaire, soit les relations des générations adultes avec la génération nouvelle, soit la division du travail, soit enfin l'action répressive et coercitive de la communauté sur ses membres. L'art social comprend donc : 1° l'art de l'éducation; 2° l'art de la coopération et de la prévoyance sociale; 3° l'art de la législation, dont le droit pénal répressif et préventif est la branche principale. Ces formes de l'art social sont solidaires; elles tendent toutes en effet à écarter les grands risques sociaux, à les réduire au minimum et à en répartir la charge, selon les principes de la mutualité, sur la société tout entière.

La solidarité des arts sociaux ainsi entendue est chose

6

récente; elle commence à peine à être connue et est loin
d'avoir porté tous ses fruits. Mais les arts sociaux eux-
mêmes sont aussi anciens que la civilisation proprement
dite. La raison en est facile à comprendre. La pensée
réfléchie, la raison raisonnante a fait disparaître les instincts collectifs ou du moins en a graduellement affaibli
l'intensité. Il y aurait donc eu prépondérance des penchants égoïstes et conflit des intérêts si la société n'avait
pas artificiellement remplacé les instincts sociaux. De là
la culture et la discipline dont l'éducation sociale et le
droit pénal ont été les formes toujours plus définies.

On a parfois argué de cette participation de l'art à la
vie sociale pour nier que les phénomènes sociaux pussent
être étudiés scientifiquement. Mais cette objection ne soutient pas longtemps l'examen. L'artificiel est dans la société parce qu'il est dans la vie individuelle; l'art est partout dans l'humanité parce qu'il est la manifestation la
plus profonde et la plus complète de la nature humaine ;
il en est ainsi parce que l'art est l'équivalent conscient,
intelligent et volontaire de l'instinct.

6. Les desiderata du progrès. — Si grande que soit
la part du génie et de l'art au développement qualitatif
des sociétés, le progrès est un perfectionnement social
resté jusqu'ici très relatif et très incomplet. Il n'y a eu
de progrès suivis qu'en Occident. Or l'histoire de l'Occident nous montre le progrès soumis à *la loi des crises*
Ces crises, ces révolutions sont de plus en plus longues,
de plus en plus rapprochées, de plus en plus générales.
Elles affectent le domaine religieux comme le domaine
juridique et moral; l'éducation comme la coopération
économique, comme le gouvernement politique; la famille et la société professionnelle non moins que l'Eglise
ou l'Etat. Auguste Comte a pu soutenir non sans raison
que l'histoire de l'Occident, depuis la fin du XIIIᵉ siècle,
n'est que le tableau d'une crise unique dont la Renais-
sance, la Réforme et la Révolution ne sont que les épi-
sodes ou les symptômes.

Le perfectionnement de l'art social peut adoucir graduellement ces crises, et le progrès ne sera au sens
propre du terme un perfectionnement des destinées
sociales de l'humanité que si la loi des crises agit sur les
transformations avec une intensité moindre. A cette
condition seulement le Progrès sera une harmonie croissante des forces sociales et la constitution d'une synergie
des attributs humains.

Conclusion.

Le progrès est donc pour nous dans l'avenir plutôt que dans le passé. Dans le passé, l'humanité a été
emportée, souvent à son insu, par des forces sociales
dont elle ignorait les lois et l'origine; elle a progressé
comme en dépit d'elle-même, en croyant parfois re-
monter le cours des âges. On peut espérer que dans
l'avenir il n'en sera plus ainsi. Les forces sociales de-
viendront des forces conscientes et, pesant moins sur la
volonté humaine, elles n'en seront que plus actives et
plus fécondes.

Mais l'importance et la grandeur des transformations
accomplies ne doivent pas être méconnues. Le passage du clan au village, à la tribu, à la cité, à la nation, la division croissante du travail, la coopération de
toutes les parties de l'humanité à une même œuvre n'ont
pas été des modifications superficielles, restant exté-
rieures à la vie de l'espèce et à la conscience de l'individu. Les formes sociales, en s'amplifiant, ont encadré
des populations toujours plus denses et cet accroissement numérique a fait d'une espèce clairsemée au début
et plus faible que la plupart des espèces animales simi-
laires le genre ou plutôt *le règne humain,* auquel la vie
végétale et animale est peu à peu subordonnée. L'accroissement numérique a rendu nécessaire une coopération plus intime dans des cercles sociaux toujours plus
étendus. Ainsi se sont multipliées indéfiniment les

forces intellectuelles de l'humanité. Le résultat est une transformation de l'instinct qui s'efface devant la raison et le sentiment conscient. L'homme n'est pas devenu seulement un être inventif et industrieux, capable d'expliquer les phénomènes, de les prévoir et de créer une puissance supérieure aux forces naturelles : il est devenu un être moral, apte à contrôler sa conduite, à modérer ses passions, à mettre ses tendances en harmonie.

Les crises douloureuses qui ont accompagné les transformations des sociétés n'ont pas elles-mêmes été totalement malfaisantes. Elles ont révélé l'homme à lui-même ; elles ont affiné la conscience morale ; elles ont ouvert des sentiers au génie. Les plus beaux monuments du sentiment religieux, les plus hautes créations de la poésie, de la musique et des arts plastiques ont réflété les crises sociales et en ont tiré un fruit inespéré pour l'éducation de l'humanité.

C'est ainsi que les lois de la solidarité manifestent leur présence dans les transformations de la société comme dans ses phases de stabilité. Nous sommes toujours les héritiers d'un homme primitif et instinctif qui différait très peu des animaux auxquels il était physiologiquement apparenté, mais nous sommes les précurseurs d'un véritable *homo sapiens*, d'un être vivant selon l'esprit et la vérité et qui se dégage du passé social en un long et douloureux enfantement. Notre raison acquise n'est pas le témoin impuissant de ce devenir : elle nous fait une loi de coopérer socialement à cette transformation spontanée ; elle nous oblige à être les ouvriers des fins de l'humanité et c'est là vraiment la *loi morale*.

Contre les sollicitations d'un individualisme anarchique, la sociologie ratifiera donc le jugement que Spinoza formulait il y a plus de deux siècles au quatrième livre de l'*Ethique*.

« Si deux individus de même nature viennent à se joindre, ils composent par leur union un individu deux fois plus puissant que chacun d'eux en particulier :

c'est pourquoi rien n'est plus utile à l'homme que l'homme lui-même. Les hommes ne peuvent rien souhaiter de mieux pour la conservation de leur être que cet amour de tous en toutes choses, qui fait que toutes les âmes et tous les corps ne forment pour ainsi dire qu'une seule âme et un seul corps; de telle façon que tous s'efforcent, autant qu'il est en eux, de conserver leur propre être et, en même temps, de chercher ce qui peut être utile à tous; d'où il suit que les hommes que la raison gouverne, c'est-à-dire les hommes qui cherchent ce qui leur est utile, selon les conseils de la raison, ne désirent rien pour eux-mêmes qu'ils ne désirent également pour tous les autres [1]. »

1. *Éthique*, 4ᵉ partie. Scholie de la proposition XVIII. (Traduction Saisset.

TABLE DES MATIÈRES

ÉMILE COLIN, IMPRIMERIE DE LAGNY (S.-A.-O.)

www.ingramcontent.com/pod-product-compliance
Lightning Source LLC
Chambersburg PA
CBHW052052270326
41931CB00012B/2731